AF231382

UNE CONSTITUTION
EUROPÉENNE

Du même auteur

L'Exécution, Grasset, 1973 ; Fayard, 1998.

Condorcet (en collaboration avec Élisabeth Badinter), Fayard, 1988.

Libres et égaux… L'Émancipation des Juifs, 1789-1791, Fayard, 1989.

Une autre justice (collectif), Fayard, 1989.

La Prison républicaine, Fayard, 1992.

C. 3.3, précédé de *Oscar Wilde ou l'Injustice*, Actes Sud Théâtre, 1995.

Un antisémitisme ordinaire, Fayard, 1997.

L'Abolition, Fayard, 2000.

Robert Badinter

Une Constitution européenne

Fayard

A Esther et Zaccarie,
qui seront des citoyens européens

J'aime les constitutions. Toute constitution est à la fois un instrument politique, une architecture juridique, un moment historique et une œuvre littéraire. A lire les plus belles – c'est à dessein que j'emploie ce terme –, j'éprouve les mêmes plaisirs que Stendhal à la lecture du Code civil. Je ne reprends jamais sans émotion la première phrase de la Déclaration des Droits de l'homme et du citoyen du 26 août 1789, placée en tête de notre première Constitution de 1791, qui résonne comme l'ouverture du *Don Juan* de Mozart. Écoutons, à deux siècles de distance, les accents superbes de Mirabeau : *« Les représentants du peuple français, constitués en Assemblée nationale, considérant que l'ignorance, l'oubli ou le mépris des droits de l'homme sont les seules causes des malheurs publics et de la corruption des gouvernements ont résolu d'exposer, dans une déclaration solennelle, les droits naturels, inaliénables et sacrés de l'homme, afin que cette déclaration, constamment présente à tous les membres du corps social, leur rappelle sans cesse leurs droits et leurs devoirs.* » Et, comme l'art ne connaît point de patrie, je m'émerveille à la lecture du préambule, en une phrase, de la Constitution des États-Unis du 17 septembre 1787 : « *Nous, le peuple des États-Unis, en vue de former une union plus parfaite, d'établir la justice, d'assurer la tranquillité intérieure, de pourvoir à la défense commune, de développer le bien-être général et d'assurer les bienfaits de la liberté à nous-mêmes et à nos descendants, édictons et instaurons la présente Constitution pour les États-Unis* ». Chers pères fondateurs, enfants d'outre-Atlantique du siècle des Lumières, votre œuvre a survécu aux temps qui l'ont vue naître. Il n'est pas un homme de liberté qui ne vous salue comme des maîtres. Vous êtes au constitutionnalisme ce que Bach est à la musique : des géants.

Qu'il existe en effet un art du constitutionnalisme, avec ses exigences, ses audaces et ses échecs, l'amateur averti le sait bien. Certaines constitutions défient le temps, comme celle des États-Unis, ou celle, monarchique, de la Suède de 1809.

Elles unissent la vision politique d'avenir, la précision des mécanismes institutionnels et la rigueur du style. D'autres, les plus nombreuses, ne méritent que l'oubli où l'Histoire les a ensevelies. Ainsi celle du Directoire, le 5 fructidor an III, cumule, dans un alliage de plomb, la longueur des dispositions (trois cent soixante dix-sept articles) et la pesanteur de l'expression. Et que dire de la Constitution de l'URSS de 1936, chef-d'œuvre du cynisme stalinien, dont l'énoncé des droits des citoyens, au temps des procès de Moscou et du goulag, n'avait rien à envier aux démocraties occidentales ! Le pire rejoint ainsi le meilleur dans l'histoire constitutionnelle.

La France, à cet égard, offre une richesse sans pareille. En deux siècles, les États-Unis ont connu une seule Constitution et vingt-cinq amendements. Pendant la même période, de 1787 à 1987, les Français ont vécu sous trois monarchies, deux empires, cinq républiques, usé treize constitutions et d'innombrables amendements. Produit d'une histoire traversée de désastres et de révolutions, le constitutionnalisme est devenu en France un art national. A la moindre crise politique, on évoque l'urgence de changer la constitution, voire de changer de République.

Au long des années, ma passion pour le constitutionnalisme ne s'est pas démentie. Comment pourrait-il en être autrement pour quiconque aime le droit et s'intéresse à la vie politique ? Les constituants n'obéissent pas, tant s'en faut, à la seule raison juridique. Les rapports de forces, la conjoncture et les ambitions personnelles commandent souvent aux choix institutionnels. On sait ce que la Troisième République doit aux convictions monarchistes de la majorité de l'Assemblée nationale de 1871. A travers les dispositions d'une constitution, l'historien décèle la trace des conflits politiques qui l'ont engendrée.

L'art constitutionnel n'en a pas moins ses exigences. Une constitution n'est pas un règlement de police. Elle ne peut se borner à énoncer une série de prescriptions. Une constitution est l'expression d'une certaine conception du pouvoir politique qui trouve sa légitimité dans des principes fondateurs. Sous l'Ancien Régime, le roi est souverain absolu parce que choisi par Dieu pour gouverner son peuple. Avec la Révolution, le peuple lui-même devient souverain. Et la démocratie demeure, à travers ses formes diverses, le gouvernement du peuple, par le peuple, pour le peuple. Formule souveraine s'il en est, qui peut s'exprimer dans des institutions différentes. La République peut être fédérale, comme en Allemagne, ou unitaire, comme en France. Elle peut même revêtir, comme en Angleterre ou en Espagne, une forme monarchique, sans pour autant trahir son essence : la souveraineté du peuple s'exprimant dans le libre choix, par des élections régulières, de ses dirigeants politiques. Elle peut aussi, dans l'agencement de ses pouvoirs, s'affirmer parlementaire, comme dans la plupart des États européens, ou présidentielle, comme aux États-Unis, ou encore mixte, comme en France. Elle peut recourir largement au référendum populaire, comme en Suisse, ou l'ignorer, comme en Allemagne. La capacité d'invention, la recherche de solutions nouvelles sont donc la marque du bon ingénieur constitutionnel. En effet, c'est bien une machinerie institutionnelle qu'il lui faut créer. Son art est un art appliqué. La Constitution qu'il élabore doit répondre à une double exigence : respecter les principes fondateurs, satisfaire aux besoins de la société qu'elle régit. A défaut, si bien agencée soit-elle, sa machine ne sera jamais qu'un machin.

C'est bien, hélas, le cas du système institutionnel actuel de l'Union européenne. Loin de moi la pensée de diminuer les mérites des pères fondateurs de l'Europe ! Ils avaient du génie politique, unissant une vision de l'avenir, une foi inébranlable dans la justesse de leur cause, et une grande habileté à la servir. Tout partisan de l'Europe ressent gratitude et admiration à l'égard de Jean Monnet, Robert Schuman, Alcide de Gasperi, Paul-Henri Spaak, Konrad Adenauer. Du marché commun à l'acte unique et à l'Union européenne, d'autres grands Européens ont suivi leurs traces. Ainsi François Mitterrand, Helmut Kohl et Jacques Delors ont grandement servi la cause européenne. Mais son succès même, l'extension à quinze États d'une communauté conçue pour six, la transformation de l'Europe engendrée par l'effondrement du communisme et la chute du mur de Berlin, la naissance de l'euro, l'élargissement programmé aux États de l'Europe centrale et orientale, tous ces facteurs positifs de la construction européenne ont rendu inefficaces les institutions européennes et obsolète la méthode de Jean Monnet. L'heure n'est plus aux compromis institutionnels interminablement négociés entre États, sans vision directrice, aux traités que l'on entreprend de modifier à peine mis en œuvre et dont la ratification s'avère toujours plus difficile.

A l'heure où devrait régner, au regard des progrès réalisés, la confiance dans l'avenir de l'Europe, la morosité et le scepticisme s'étendent parmi les Européens. Pourtant, dans le monde tel qu'il est, leur seule chance d'un avenir meilleur réside dans une Union européenne élargie et renforcée.

Après la difficile ratification du traité de Maastricht en 1992, le traité d'Amsterdam de 1997 n'a pas satisfait ceux qui attendent la re-fondation d'une Union européenne vouée à s'élargir de quinze à vingt-cinq ou trente membres. Quant au traité de Nice de décembre 2000, laborieusement conclu sous l'empire de la nécessité politique, il ne résoudra pas la crise institutionnelle de l'Union. En vérité, on ne peut plus se satisfaire de réformes ponctuelles. La re-fondation, pour prendre corps, doit s'inscrire dans une Constitution européenne. Dans une perspective classique, on aurait pu concevoir que les citoyens européens élisent directement des représentants à une Assemblée constituante ayant pour mission d'élaborer un projet de

Constitution européenne soumis ensuite, par référendum européen, au vote des citoyens de l'Union. La volonté générale des Européens serait apparue plus clairement. Mais le fait que ce soient les États-membres qui concluent un traité pour doter l'Union européenne d'une Constitution n'altérera pas sa portée. Le traité sera ratifié par les citoyens de l'Union, directement ou par leurs représentants. Et l'Union européenne sera désormais régie par une Constitution. L'essentiel est là.

Bien des voix autorisées se sont élevées en faveur d'une Constitution pour l'Europe. Le ministre allemand des Affaires étrangères, Joschka Fisher, le 12 mai 2000, à l'université Humboldt de Berlin, a esquissé les grandes lignes d'une Constitution fédérale pour l'Union européenne. Le 27 juin 2000, le président Chirac, devant le Bundestag, s'est prononcé à son tour en faveur d'une Constitution européenne dont le texte devrait être approuvé par les peuples européens ; il a souligné à cette occasion qu'il n'était pas question que disparaissent les États-Nations au profit d'un super État européen. En février 2001, revenant sur le sujet, le président Chirac reprenait à son compte l'idée d'une « fédération des États-Nations », déjà avancée par Jacques Delors. Lionel Jospin, alors Premier ministre, se déclarait également partisan d'une « fédération d'États-Nations » et d'une Constitution européenne. Le 4 avril 2001, le président de l'Allemagne, M. Johannes Rau, dans un discours devant le Parlement européen, prônait une constitution créant une fédération d'États.

En France, de nombreuses personnalités ou formations politiques ont recommandé l'élaboration d'une Constitution pour l'Europe, qu'il s'agisse d'Alain Juppé et Jacques Toubon ou de l'UDF, à droite, de Pierre Moscovici et Henri Nallet, du côté des socialistes, ou de Daniel Cohn Bendit et Dominique Voynet pour les Verts. Et multiples sont les communications, motions, propositions émanant de cercles ou de comités attachés aux questions européennes. En bref, le « grand débat » sur les réformes des institutions et la Constitution européenne est engagé, notamment en France et en Allemagne. La question de la Constitution européenne est inscrite à l'ordre du jour européen.

La déclaration sur l'avenir de l'Union, annexée au traité de Nice en décembre 2000, a souhaité qu'« *un débat plus large et plus approfondi s'engage sur l'avenir de l'Union européenne* ». Mandat fut donné au Conseil européen d'adopter, lors de sa réunion à Laeken, en décembre 2001, « *une déclaration contenant des initiatives appropriées pour poursuivre le processus* ».

A Laeken, le Conseil européen a défini un objectif et arrêté une méthode. Dans un environnement mondialisé, « *l'Europe doit devenir plus démocratique, plus transparente et plus efficace* ». Face à l'élargissement attendu, il faut « *améliorer l'efficacité du processus décisionnel et du fonctionnement des institutions dans une Union de quelque trente États-membres* ». La déclaration de Laeken pose enfin la question clé : « *Cette simplification et ce réaménagement ne devraient-ils pas conduire, à terme, à l'adoption d'un texte constitutionnel ? Quels devraient être les éléments essentiels d'une telle Constitution ?* » Le mot est prononcé, le tabou levé. Evoquer l'adoption d'une Constitution, c'est déjà admettre la possibilité d'en doter l'Union européenne. Et l'Histoire enseigne que, dès lors qu'un organe souverain, en l'espèce le Conseil européen, pose aussi clairement la question d'une

Constitution, dans les esprits son principe est déjà admis.

Mais de quelle Constitution pour l'Union européenne s'agit-il ? Et comment la faire naître dans le cadre actuel de l'Union ?

La méthode choisie par le Conseil européen est celle d'une « *Convention rassemblant les principales parties prenantes au débat sur l'Union* », placée sous l'autorité du président Giscard d'Estaing et de deux vice-présidents, MM. Amato et Dehaenne, désignés par le Conseil européen. La Convention réunit quinze représentants des gouvernements des États-membres, trente membres des Parlements nationaux, seize membres du Parlement européen et deux membres de la Commission européenne. Des représentants des pays candidats à l'adhésion participeront aux délibérations, mais pas aux votes.

Le terme « Convention », riche de résonances historiques, ne doit pas abuser. La Convention n'est pas une Constituante, mais une Assemblée consultative. Sa tâche est « *d'examiner les questions essentielles que soulève le développement futur de l'Union, et de rechercher les différentes réponses possibles* ». Il demeure qu'il sera politiquement très difficile de rejeter ses conclusions et ses propositions si elles font l'objet d'un large consensus. En cela résident la portée politique de la Convention et l'importance de ses travaux.

Un précédent en témoigne. Une Convention antérieure avait été chargée par le Conseil européen d'élaborer une Charte des droits fondamentaux de l'Union européenne. Cette première Convention fut également composée de représentants des gouvernements et des parlements nationaux, et de parlementaires européens. Dirigée par le président Herzog, la Convention rédigea la charte qui fut adoptée au sommet de Nice. Cette charte n'a pas, en l'état, de valeur juridique. Comme la Déclaration des Droits de l'homme de 1789 sous la Troisième République, elle constitue un texte d'inspiration et de référence. Mais toute Constitution contemporaine s'ouvre par une Déclaration de droits fondamentaux. La Charte deviendra donc la Déclaration des Droits de l'homme de l'Union, et ses dispositions auront alors valeur constitutionnelle.

Le succès de cette première Convention a inspiré la création de la Convention actuelle, chargée d'élaborer les projets de réformes qui doivent déboucher sur une Constitution européenne. Mais si les nations européennes partagent les mêmes valeurs, cette communauté de vues ne se retrouve plus dans les États de l'Union européenne dès lors qu'il s'agit des institutions et des pouvoirs de l'Union. Les clivages sont ici à la mesure des enjeux politiques : considérables.

D'un côté, les Européens les plus engagés rêvent, comme Victor Hugo, des États-Unis d'Europe. Tous les Européens seraient citoyens d'un vaste État fédéral apte à devenir par l'importance de ses ressources, de sa population et de son territoire, une nouvelle super-puissance, à l'égal des États-Unis d'Amérique. Perspective glorieuse qui n'a jamais cessé d'enflammer les esprits des Européens convaincus. De l'autre côté, les « souverainistes », attachés à leur terroir, n'ont foi qu'en la nation, considérée non seulement comme incontournable, mais comme indépassable. Ils ne voient en l'Europe qu'un espace de libre échange, un simple « marché commun », comme on l'appelait naguère. Pour ces nationalistes, l'intégration européenne est plus chargée de menaces que de promesses.

Entre ces deux camps extrêmes s'inscrivent de multiples orientations : les pragmatiques qui pèsent en termes de profit et de coût chaque réforme annoncée ; les politiques qui savent que tout progrès en Europe requiert un accord entre les États, et qui s'efforcent de concilier, par des synthèses ou des compromis complexes, les points de vue opposés ; les empiriques pour lesquels seule importe la poursuite de l'entreprise européenne, et qui ne s'encombrent pas de fardeaux conceptuels ; les théoriciens qui connaissent jusque dans les détails les arcanes de la construction européenne et élaborent des schémas toujours plus raffinés.

Au-delà de cette diversité d'approches se pose le problème du pouvoir. Une Constitution démocratique repose sur un certain équilibre des pouvoirs. S'agissant d'un ensemble fédéral, la répartition des compétences entre l'État fédéral et les États fédérés est essentielle. Un pouvoir central renforcé à Washington ou à Berlin, c'est moins de pouvoir régional à Chicago ou à Munich. De même, dans un État centralisé, tout renforcement de l'exécutif est ressenti comme une atteinte au Parlement. Les combinaisons institutionnelles sont multiples. Mais toutes mettent en cause la question centrale du pouvoir. Celle-ci va dominer les travaux de la Convention. Les représentants des gouvernements ne sont guère enclins au renforcement des instances communautaires : la Commission, le Parlement européen. De même, les parlementaires nationaux s'inquiètent des avancées qui accroîtraient encore les compétences de l'Union et réduiraient l'étendue de leurs compétences nationales. De surcroît, certains États candidats à l'adhésion ont une vision de l'Europe différente de celle des États fondateurs. Ces divergences se manifesteront de plus en plus clairement à mesure que l'on débattra des problèmes essentiels : la répartition des compétences et l'exercice des pouvoirs au sein de l'Union. Des réponses données dépendra non seulement le succès de la Convention, mais celui des institutions dont l'Union se dotera.

A la question posée à la Convention, je ne résistai pas à la tentation d'apporter ma réponse personnelle. Les hasards de la vie m'ont conduit à contribuer, dans les années 1990, à des projets de constitutions dans de nouvelles démocraties de l'Europe orientale et dans les Balkans. Je me suis ensuite retrouvé à Bruxelles, grâce à la confiance de mes collègues du Sénat, modeste délégué suppléant à la Convention. Les rencontres inopinées, les conversations improvisées se révélèrent riches d'intérêt. Les réunions de groupe, qu'il s'agisse des parlementaires nationaux ou des socialistes européens, furent également animées. A lire les contributions diverses qui inondaient ma boîte électronique, à annoter les publications nombreuses sur l'avenir des institutions de l'Union, mes réflexions prirent corps. Je décidai donc de mettre à profit les jours calmes de l'été pour entreprendre d'apporter à l'entreprise commune ma propre contribution. Jamais plus beau sujet de réflexion que celui d'une constitution européenne ne me serait offert. Sans mandat d'aucune sorte, je me mis à l'ouvrage. Le voici, précédé de quelques réflexions liminaires.

*
* *

Le procès des institutions actuelles de l'Union a été souvent instruit : défaut de légitimité, d'efficacité, de lisibilité. Ces reproches sont parfois excessifs dans leur formulation. Ils ne sont pas infondés. Mais le premier handicap dont souffre l'Union, c'est l'ambiguïté. Celle-ci permet de différer les choix nécessaires et d'éviter de répondre à l'interrogation première : quelle Union européenne voulons-nous pour l'avenir ? et pour quelles fins ?

Pour construire des institutions durables et efficaces, il faut d'abord définir leur fondement. Toute constitution est expression d'une souveraineté. C'est elle qui lui donne souffle et vie. Dans le cas de l'Union européenne, par le fait de l'Histoire, la souveraineté dont elle procède a une double origine.

D'abord, les délégations de souveraineté consenties par les États-membres au long des traités successifs. Qu'il s'agisse de la création du marché unique, de la politique commerciale commune ou de la libre circulation des personnes et des biens, les États-membres ont délégué à l'Union des pouvoirs régaliens de législation, de taxation ou de police. Le phénomène est plus saisissant encore, s'agissant de la monnaie unique, pour les États qui ont accepté de substituer l'euro à leur monnaie nationale.

A cette souveraineté déléguée par les États s'en ajoute une autre, moins évidente mais plus directe : celle des citoyens de l'Union. En instaurant une citoyenneté de l'Union, en lui attachant des droits spécifiques, notamment celui d'élire directement des députés au Parlement européen, les traités successifs ont fondé une communauté organisée de citoyens européens.

Se conjuguent ainsi, au sein de l'Union, deux sources de légitimité : celle des États-membres et celle du peuple de l'Union composé de l'ensemble des citoyens de l'Union, sans distinction de nationalité.

Au premier abord, cette double souveraineté conduit à penser l'Union comme une fédération. Mais une fédération classique implique la disparition de la souveraineté internationale des États-membres. Or, dans le cas de l'Union européenne, les États-membres sont souverains et entendent le demeurer. Ni le Royaume-Uni ni la France n'envisagent, par exemple, d'abandonner, au profit de l'Union européenne, leur siège permanent au Conseil de sécurité de l'ONU. Un représentant de l'Union y serait certes le bienvenu, mais sa présence ne saurait impliquer leur retrait du Conseil de sécurité. L'Union est une fédération composée d'États souverains. La formule de Jacques Delors : « Fédération d'États-nations », illustre bien cette originalité de l'Union européenne. Si l'expression est heureuse pour les esprits français pour qui l'État se confond avec la nation, elle n'épouse pas la diversité des États européens. Ainsi la Belgique, regroupant Flamands et Wallons, ou le Royaume-Uni, réunissant Anglais, Écossais, Gallois et Irlandais du Nord, peuvent difficilement être qualifiés d'États-nations. Il en va de même pour certains États candidats à l'adhésion en Europe centrale ou orientale.

Fédération d'États européens qui partagent les mêmes valeurs inscrites dans la Charte des droits fondamentaux, l'Union doit assurer leur respect dans sa législation. L'incorporation de la Charte dans la Constitution y pourvoira. Celle-ci doit aussi prendre en compte la séparation des pouvoirs et garantir l'état de droit. Mais la nature hybride de l'Union conduit à inscrire les principes de la démocratie dans une architecture institutionnelle originale.

Parce que l'Union est une fédération d'États souverains et que la politique conduite en son nom affecte directement leurs intérêts, il appartient au Conseil européen, composé des chefs d'État et de gouvernement, de déterminer ces grandes orientations politiques générales. Au Conseil européen d'ouvrir les voies de l'avenir de l'Union en donnant les impulsions utiles à son développement. Rien de changé, à cet égard, à l'état actuel de l'Union.

En revanche, la présidence de l'Union ne saurait être assumée à tour de rôle, pour une période de quelques mois, par un État-membre. Jouissant de la personnalité morale internationale, apte à conclure des traités, l'Union européenne doit être représentée sur la scène internationale par un président consacré à cet office. Le peuple européen doit être incarné, aux yeux des nations du monde, par une personnalité européenne prestigieuse, non par un chef d'État national assumant la présidence de l'Europe par la grâce du calendrier.

De plus, la succession rapide des présidences nationales, à échéance semestrielle, conçue pour une Communauté européenne limitée à quelques membres, déjà difficilement praticable dans une Union de quinze membres, deviendrait une aberration pour une Europe de vingt ou vingt-cinq membres. Tous les douze ans, un État européen se verrait confier la présidence de l'Union pour six mois ! Et si l'on voulait porter à un an la durée du mandat pour éviter un manège trop rapide, ce serait une fois par quart de siècle qu'un État de l'Union assumerait cette présidence... Et que d'inconvénients pratiques à cette présidence itinérante ! A suivre son mouvement perpétuel, on a le sentiment de revenir aux temps lointains où ministres et officiers du roi erraient avec la cour de château en château...

Il faut donc un président de l'Union pour incarner celle-ci. Pour assurer sa légitimité, sa désignation doit procéder de la double souveraineté des États-membres et du peuple européen. Le choix par le Conseil européen d'une personnalité connue pour les services éminents rendus par elle à la cause européenne sera approuvé par le Parlement. Le président de l'Union n'exercera pas pour autant le pouvoir exécutif. Sa fonction relèvera de l'ordre symbolique et moral, non du gouvernement et de la politique. C'est au président de l'Allemagne plutôt qu'au président de la République française ou à celui des États-Unis qu'il faudrait l'identifier.

L'élection directe d'un président par des centaines de millions d'Européens de nationalités et de langues différentes pour assumer la direction effective d'une fédération d'États souverains ne paraît pas adaptée à l'état actuel de l'Europe. Ni à sa culture politique, puisque le modèle démocra-

tique dominant en Europe est le régime parlementaire.

Le gouvernement de l'Union soulève des
problèmes plus complexes. On pose aujourd'hui
les questions institutionnelles de l'Union en
termes de « triangle institutionnel » : le Conseil, la
Commission, le Parlement. Mieux vaut parler, au
regard de la démocratie, du pouvoir exécutif et du
pouvoir législatif au sein de l'Union.

L'organisation du gouvernement doit prendre
en compte la nature complexe de l'Union
européenne, fédération d'États souverains. Ces
États-membres doivent être appelés à participer
directement au gouvernement de l'Union. Ils le
feront au sein du Conseil des ministres de
l'Union, composé d'un représentant de chaque
État, désigné par son gouvernement national pour
assumer cette importante fonction à plein temps.
Le Conseil des ministres de l'Union, siégeant à
Bruxelles, se réunira régulièrement et fréquem-
ment. Il lui incombera de prendre toutes les décisions nécessaires à la réalisation des objectifs de
l'Union, conformément aux orientations générales définies par le Conseil européen des chefs

d'État et de gouvernement. Organe permanent, le Conseil des ministres de l'Union doit avoir la capacité d'agir. Il prendra ses décisions à la majorité qualifiée, constituée par la majorité absolue des États représentant la majorité de la population totale de l'Union. Pour certaines décisions de particulière importance, le Conseil des ministres statuera à la majorité qualifiée renforcée des deux tiers de ses membres. Selon la nature des questions traitées par le Conseil, des ministres compétents des États-membres pourront participer à celui-ci. Mais seuls les membres permanents du Conseil des ministres de l'Union porteront le titre de ministres de l'Union pour marquer qu'ils assument ensemble le gouvernement de l'Union.

La fonction gouvernementale, dans un ensemble aussi complexe que l'Union, ne se résume pas à la prise de décisions ministérielles. La gestion, la coordination, la synchronisation des politiques et des actions conduites par de multiples comités et une multitude d'intervenants, qui relèvent de la puissance publique mais aussi de la « société civile », ces missions-là dépassent de très loin le cadre usuel de l'administration. Elles constituent aussi la matière du gouvernement des États modernes. Ainsi s'est fait jour la notion contemporaine de « gouvernance ». Elle a trouvé dans l'Union européenne un champ d'application privilégié[1] :

A la Commission, institution originale de l'Union européenne, il appartient d'assumer la bonne gouvernance de l'Union. Organe essentiel de l'Union, aux responsabilités multiples qui s'accroîtront avec les adhésions de nouveaux États-membres, la Commission, pour renforcer son efficacité, doit être conçue en fonction de ses missions, non en considération d'intérêts natio-naux. La composition de la Commission ne doit pas nécessairement refléter celle de l'Union (à raison d'un commissaire par État-membre). L'affectation des commissaires, leur indépendance à l'égard des États-membres, commandent que leur nombre, leur répartition et leur désignation soient déterminés en fonction de leur capacité et de leur personnalité. Comment d'ailleurs pourrait fonctionner une Commission de trente-cinq membres sans se transformer en Conseil des mi-nistres *bis* ? Telle n'est point sa vocation. Au cœur de l'Union, elle doit demeurer une institution

---

1. Commission des communautés européennes, *Gouvernance européenne : un livre blanc*, Bruxelles, 2001.

purement européenne, détachée des intérêts nationaux des États-membres. C'est d'ailleurs le Parlement européen, et non le Conseil des ministres, qui détient le pouvoir de censurer la gestion de la Commission et de provoquer la démission de ses membres.

Si le Conseil des ministres et la Commission assument conjointement le gouvernement de l'Union, leur action commune, pour être efficace, doit être conduite par une même autorité. De même qu'il faut à l'Union un président qui l'incarne, il faut au gouvernement de l'Union un chef qui le dirige. Le gouvernement sera donc placé sous l'autorité d'un Premier ministre de l'Union, qui présidera les travaux du Conseil des ministres et dirigera l'action de la Commission. Ainsi se trouvera prévenu le risque de conflit entre les deux instances, qui nuirait au gouvernement. La nomination du Premier ministre, pour être légitime, procédera aussi d'une double investiture : personnalité choisie par le Conseil européen pour son expérience et ses convictions européennes, sa désignation sera soumise à l'investiture du Parlement européen.

Au sein de la Commission, le Premier ministre pourra désigner des vice-présidents pour l'assister.

Dans le domaine difficile des relations internationales où les intérêts des États-membres sont particulièrement sensibles, le Premier ministre proposera au Conseil des ministres de nommer, parmi les commissaires, un haut représentant de l'Union pour la politique étrangère et de sécurité commune. Ce haut représentant assumera aussi les responsabilités afférentes à la politique étrangère au sein de la Commission.

A un exécutif fort doit répondre, dans une Constitution démocratique, un Parlement actif qui exerce la fonction législative et contrôle le gouvernement. En l'état actuel de l'Union, le Parlement européen ne détient que partiellement ces pouvoirs. Pourtant, sa légitimité démocratique est indiscutable : les députés européens sont élus au suffrage universel et direct par les citoyens de l'Union. Et sa légitimité européenne est forte : le Parlement européen procède directement du peuple européen et exprime, par ses votes, la volonté générale des citoyens européens. Il faut donc reconnaître à ce Parlement le pouvoir de faire les lois, qui est sa raison d'être.

Aujourd'hui, l'existence des « piliers », c'est-à-dire de domaines différents dans lesquels les modalités d'action de l'Union varient selon la nature du sujet, et la procédure dite de « co-décision » entre le Parlement et le Conseil, dont la complexité décourage la raison, constituent des entraves au progrès de l'Union. Il faut faire disparaître dans la Constitution ces inutiles « piliers », pesants vestiges du passé communautaire, et reconnaître au Parlement européen sa pleine fonction législative. Qu'en revanche l'Union européenne adopte dans la Constitution toutes les précautions du parlementarisme rationalisé, rien de plus légitime en notre temps et dans le cadre européen. Face à la complexité et à la diversité des problèmes dans l'Union, le Parlement fixera donc, dans des lois cadres, les principes directeurs dont la Commission assurera la mise en œuvre dans l'exercice de son pouvoir réglementaire. Il convient aussi, pour assurer la cohérence et la promptitude de la législation européenne, de conserver le pouvoir des Conseils des ministres de prendre – sur proposition de la Commission et avec l'approbation du Parlement – des règlements et des directives qui auront valeur législative. Il ne s'agit pas là de codécisions, mais de dispositions comparables à celles existant dans la Constitution française, dans laquelle le Parlement autorise le gouvernement à prendre des ordonnances dans un cadre et pour un objectif déterminés.

S'agissant du budget préparé par la Commission et adopté par le Conseil des ministres, il appartient au Parlement de le voter. Doit-on cependant reconnaître au Parlement européen le pouvoir de créer des impôts européens, par exemple une TVA européenne sur certains produits ? Dans l'actuelle fédération d'États souverains, il est douteux que les Parlements nationaux acceptent qu'aux impôts nationaux s'ajoute le poids d'impôts européens décidés par le Parlement de l'Union. Mais la voie de l'avenir est celle des ressources propres votées par le Parlement à la demande du Conseil et prélevées sur l'ensemble du territoire de l'Union.

A ce niveau apparaît en pleine lumière la dialectique de forces opposées au sein d'une fédération d'États souverains. D'un côté, les instances de l'Union sont naturellement enclines à revendiquer toujours plus de compétences, à élargir constamment leur domaine d'action. La Commission et le Parlement sont portés par cette dynamique européenne. De l'autre, les Parlements des États-membres entendent préserver leurs pouvoirs et résistent à l'emprise grandissante des organes de l'Union. La complexité des problèmes traités rend plus difficile encore le partage entre les domaines qui relèvent de l'action de l'Union et ceux qui demeurent du ressort des États-membres. La politique commerciale de l'Union ou sa politique douanière à l'égard des États étrangers à l'Union relèvent de ses compétences propres. Mais la politique agricole commune relève des compétences partagées de l'Union et des États-membres. Mais qui fixera la ligne de partage, et comment, pour les États-membres, s'assurer que les instances de l'Union, comme tout pouvoir, n'accroîtront pas de plus en plus leur champ d'action ? On conçoit dès lors que la délimitation des compétences de l'Union soit, pour les Parlements nationaux, primordiale.

La réponse institutionnelle pourrait résider dans la création, au sein du Parlement européen, d'une seconde chambre composée de représentants des États-membres, comme en Allemagne ou aux États-Unis. Il est vrai que le bicaméralisme est la règle dans les États fédéraux. Mais l'Union n'est pas un État fédéral. Elle demeure une fédération d'États souverains, ce qui est fort différent. Dans l'Union, les intérêts nationaux de chaque État-membre sont représentés au Conseil européen par le chef d'État ou de gouvernement, et, au Conseil des ministres, par un ministre national. Par ailleurs, des députés élus dans chaque État siègent au Parlement européen. La voix des États est ainsi entendue dans les instances de l'Union. Certains voient cependant dans l'institution d'une seconde chambre un Sénat européen, le cadre où seraient représentées directement les régions de l'Union. Ainsi y compterait-on des sénateurs de Catalogne, de Lombardie, de Bavière, de Flandre ou de Bretagne.

Cette conception, qui donnerait aux entités régionales des États-membres une visibilité et un pouvoir direct dans l'Union, changerait sa nature. De fédération d'États, l'Union deviendrait fédération d'États *et* de Régions. Ce serait là une conception nouvelle de l'Europe. Elle ne pourrait trouver sa place dans la Constitution européenne que si était préalablement reconnue l'existence de véritables régions européennes transnationales : par exemple une Région catalane s'étendant des deux côtés des Pyrénées, une Région Rhône-Alpes s'étendant des deux côtés des Alpes, une Région rhénane s'étendant sur les deux rives du Rhin...

En l'état actuel de l'Union, la création d'un Sénat européen ne s'impose pas. On ne saurait cependant laisser sans réponse la légitime préoccupation des Parlements nationaux : comment s'assurer que le législateur européen n'étendra pas toujours plus loin ses compétences, au détriment des Parlements nationaux ? Dans des domaines comme la pêche ou la protection des consommateurs, où doit s'arrêter la compétence de l'Union européenne ? Pour les parlementaires nationaux, c'est là une matière sensible, où les réactions des électeurs sont vives. Or la législation communautaire a force juridique supérieure aux lois nationales. Il convient donc de déterminer, dans la Constitution européenne, les principes de la répartition des compétences entre l'Union et les États-membres, et d'en garantir le respect.

Les principes sont clairs : l'Union ne peut agir que lorsqu'elle a reçu compétence des États-membres, ceux-ci conservant la compétence de droit commun. L'Union ne doit agir que dans les domaines où l'action des États se révélerait inopérante (principe de subsidiarité) et dans la mesure nécessaire à la réalisation de son objectif (principe de proportionnalité).

Sur ces bases, il convient d'arrêter la liste des compétences propres de l'Union, puis de celles partagées avec les États-membres, le reste demeurant de la compétence propre des États. Tout au plus l'Union interviendrait, à leur demande, dans ces domaines pour compléter ou coordonner l'action des États. Pareille répartition des compétences doit pouvoir être modifiée aisément, selon l'évolution de l'économie, de la technologie et des priorités de l'Europe. La liste des compétences propres ou partagées doit figurer dans une loi organique susceptible d'une révision plus aisée que celle des dispositions figurant dans le corps de la Constitution.

Les principes fixés, les compétences déterminées, encore faut-il en garantir le respect. L'instauration d'un organisme spécial, sorte de Congrès ou de Convention permanente composé de ministres des États, de membres de la Commission, de parlementaires européens et nationaux, a été avancée. Cette instance nouvelle, de nature politique, aurait pour fonction de résoudre les conflits sur les compétences respectives de l'Union et des États. Mais il s'agit là de s'assurer que les dispositions constitutionnelles en matière de compétences n'ont pas été méconnues par les organes de l'Union ou les États-membres. De telles décisions relèvent de la Cour de justice. L'Union est un État de droit, et l'interprétation de la Constitution doit être assurée par la Cour de justice faisant fonction de cour constitutionnelle de l'Union. Sa jurisprudence en matière de compétences respectives de l'Union et des États-membres permettra, de surcroît, de préciser les concepts de subsidiarité et de proportionnalité, à l'avantage de toutes les parties.

Il n'en est pas moins souhaitable que ces litiges en matière de compétences soient évités. Les Parlements des États-membres doivent être mieux associés au processus législatif de l'Union. Un Conseil des Parlements nationaux, composé de parlementaires des États-membres désignés par leurs collègues, y pourvoira. Il ne s'agit pas là d'une deuxième Assemblée délibérante, d'un Sénat participant à l'élaboration des lois. Simplement, ce Conseil examinera les projets et propositions de loi soumis au Parlement européen pour apprécier leur conformité aux règles déterminant les compétences respectives de l'Union et des États-membres. Son avis motivé sera communiqué au Parlement. Après le vote de la loi, le Conseil des Parlements nationaux aura le droit de saisir, s'il le juge nécessaire, la Cour de justice pour violation des règles de compétence. Dans la pratique, des rencontres entre parlementaires européens et parlementaires nationaux permettront de trouver un accord qui évitera de saisir la Cour de justice. Des tensions inutiles seront ainsi évitées entre le Parlement européen et les Parlements nationaux à propos de leurs compétences respectives.

L'équilibre des constitutions n'implique pas leur rigidité. Si le moment est venu, pour l'Union européenne, de se doter d'une Constitution, celle-ci ne doit point entraver son essor. La construction européenne a toujours progressé grâce à la conviction et à l'imagination de grands leaders européens conduisant leurs États nationaux vers de nouveaux espaces européens. Demain comme hier, certains États voudront aller plus loin dans la grande entreprise européenne. D'autres, aux convictions plus tièdes, ne seront enclins à les rejoindre que lorsque l'expérience aura porté ses fruits. Il faut donc permettre, dans la Constitution, aux États les plus entreprenants de réaliser leurs projets sans que les autres aient d'autre choix que de s'y rallier ou de les interdire. La création, à l'intérieur de l'Union, d'un « noyau dur » constitué par certains États qui assumeraient le rôle d'une avant-garde a été envisagée. Ce serait créer, dans l'Union européenne, un autre ensemble aux liens institutionnels plus serrés, une sorte d'État fédéral au sein d'une fédération d'États plus large. Mais susciter une nouvelle Europe des Six, voire des Douze, au sein d'une Europe des Vingt ou des Vingt-cinq, n'aboutirait qu'à paralyser, sinon à ruiner, la construction européenne.

La réponse réside donc dans la reconnaissance, au sein de la Constitution européenne, des « coopérations renforcées ». L'exemple de la création de la monnaie unique illustre les mérites de cette approche. Réunissant au départ, au sein de l'Union, un nombre significatif de ses membres, ouverte à tous ceux qui veulent y participer le moment venu, telle apparaît la coopération renforcée, instrument nécessaire aux progrès de l'Union dans sa phase actuelle.

Car l'Europe demeure une aventure humaine, vivante, unique dans l'Histoire. Elle s'est constituée à mesure qu'elle avançait. Ses progrès témoignent de la force de son projet. En lui donnant aujourd'hui une Constitution, les responsables de l'Union européenne doivent conserver, présent à l'esprit, le *motto* que Jean Monnet inscrivait en tête des ses mémoires : « *Ce n'est pas des États que nous coalisons, ce sont des hommes que nous unissons* ».

Tous européens et fiers de l'être.

PRÉAMBULE

Nous, représentants des peuples et des États souverains de l'Europe, héritiers d'une longue et douloureuse Histoire, dépositaires d'une grande civilisation, avons décidé de constituer ensemble une Union qui assure aux Européens les bienfaits de la paix, de la démocratie, des droits de l'homme, de l'éducation et de la culture, du progrès économique et social, d'un environnement protégé et de la solidarité.

En conséquence, nous avons conclu le présent Traité qui donne à l'Union européenne une Constitution fondée sur nos valeurs communes.

Fondements de l'Union européenne

Article premier

L'Union européenne est constituée par la communauté des États souverains qui adhèrent au présent Traité.

Article 2

L'Union européenne est fondée sur les principes de la liberté, de l'égalité, de la démocratie et de l'État de droit, communs à tous les États-membres.

Tous les citoyens de l'Union sont égaux devant la loi de l'Union, sans distinction de sexe, de race, d'origine nationale, de religion, de convictions politiques ou philosophiques ou d'orientation sexuelle.

Article 3

L'Union considère la Charte des droits fondamentaux comme partie intégrante de la Constitution.

Article 4

La devise de l'Union est « PAIX, LIBERTÉ, SOLIDARITÉ ».

L'emblème de l'Union est le drapeau bleu frappé d'un cercle d'étoiles d'or.

L'hymne de l'Union est l'*Hymne à la Joie* de Ludwig van Beethoven.

La monnaie de l'Union est l'euro.

Article 5

Il est institué une citoyenneté de l'Union européenne. Est citoyen de l'Union toute personne ayant la nationalité d'un État-membre. La citoyenneté de l'Union s'ajoute à la citoyenneté nationale et ne la remplace pas. Les citoyens de l'Union jouissent des droits prévus par la Constitution.

Article 6

Les États-membres prennent les dispositions nécessaires à l'exécution des obligations découlant de la Constitution ou résultant des actes des institutions de l'Union. Ils contribuent à l'accomplissement de sa mission. Ils s'abstiennent de toute mesure susceptible d'entraver la réalisation des objectifs de l'Union.

Article 7

L'Union européenne est une personne morale de droit international distincte des États-membres.

L'Union européenne peut conclure avec des États ou organisations internationales des accords créant des droits et obligations réciproques.

L'Union peut aussi conclure des accords d'association avec un ou plusieurs États ou des organisations internationales.

TITRE II

Objectifs de l'Union européenne

Article 8

L'Union assure la paix sur le continent européen. Elle œuvre pour la maintenir dans le monde.

Article 9

L'Union assure le respect des libertés et des droits fondamentaux tels qu'ils sont définis par la Charte des droits fondamentaux et la Convention européenne de sauvegarde des droits de l'homme et des libertés fondamentales.

Elle contribue à leur essor et à leur défense dans le monde.

Article 10

L'Union promeut le progrès économique et social des États-membres, des régions et des autres collectivités territoriales.

Elle assure leur développement équilibré et durable, notamment par un Marché commun sans frontières intérieures, une Union économique et monétaire comportant une monnaie unique, par la cohésion économique et sociale et la solidarité entre les États-membres.

L'Union œuvre pour assurer sur son territoire un niveau d'emploi et de protection sociale élevé.

Article 11

L'Union veille à la sauvegarde et au développement du patrimoine culturel européen. Elle respecte l'identité et la diversité culturelle des États-membres et des régions. Elle contribue au rayonnement de la culture européenne dans le monde.

Article 12

L'Union contribue au progrès de la connaissance, de la recherche scientifique et de la technologie.

Article 13

L'Union veille sur son territoire au respect de l'environnement. Elle œuvre à la sauvegarde des ressources et des équilibres naturels de la planète. Elle contribue au développement durable des continents et des régions défavorisés.

Article 14

L'Union constitue un espace de liberté, de sécurité et de justice.

Elle prend les dispositions nécessaires pour que soient respectés le droit d'asile et la libre circulation des personnes.

Elle définit une politique d'immigration et d'accueil conforme aux conventions internationales et au respect des droits fondamentaux.

Elle prend les mesures appropriées pour prévenir et réprimer la criminalité internationale.

Elle combat les activités illégales qui atteignent les intérêts de l'Union.

Elle crée les organismes et les instruments nécessaires pour lutter contre la délinquance.

Article 15

L'Union conduit une politique étrangère et de sécurité commune sur la scène internationale, en conformité avec les règles du droit international et les décisions de l'ONU.

Elle agit de concert avec les organisations internationales et régionales. Elle assure la protection des intérêts de l'Union, des États-membres et des citoyens européens.

L'Union définit les principes de sa politique de défense commune et assure les moyens nécessaires à sa mise en œuvre.

Compétences de l'Union européenne

Article 16 – **Principes**

L'Union agit dans le cadre des compétences qui lui sont attribuées par les États-membres pour réaliser ses objectifs. La compétence de droit commun appartient aux États-membres.

L'Union doit respecter les principes de subsidiarité et de proportionnalité.

Dans le cadre des compétences qui lui sont conférées, la législation de l'Union prévaut sur les dispositions contraires de la législation d'un État-membre.

Article 17 – **Répartition**

Les compétences de l'Union sont soit propres, soit partagées avec les États-membres.

A. *Compétences propres*

Relèvent des compétences propres de l'Union les domaines où, au regard de l'objectif fixé, l'action de l'Union est définie et conduite exclusivement par les instances de l'Union.

B. *Compétences partagées*

Relèvent des compétences partagées les domaines où, au regard des objectifs fixés, l'Union détermine les orientations et les principes de la politique commune.

Article 18 – **Détermination des compétences**

Les compétences propres et partagées de l'Union figurent en annexe à la Constitution. La définition des compétences a valeur de loi organique. Elle est susceptible de révision selon la procédure définie à l'article 82.

Article 19 – **Contrôle des compétences**

Les institutions de l'Union et les États-membres respectent la répartition des compétences fixées dans la Constitution et les protocoles annexes.

La Cour de justice assure le respect des règles de compétence. En sus des voies de recours ordinaires pour violation de ces règles, le Conseil des ministres, la Commission, le Conseil des parlements nationaux ou cent députés européens peuvent exercer un recours préalable à l'entrée en vigueur d'un acte de l'Union pour violation des principes de proportionnalité et de subsidiarité. Ce recours préalable est instruit et jugé selon la procédure d'urgence définie dans le statut de la Cour.

Article 20 – **Compétences complémentaires**

Dans les domaines relevant de la compétence propre des États-membres, l'Union intervient, à leur demande ou avec leur accord, pour coordonner ou compléter les politiques des États-membres.

TITRE IV

Actes
de l'Union européenne

Article 21

Constituent des *actes de nature constitutionnelle* :
• les dispositions de la présente Constitution, y compris la Charte des droits fondamentaux.

Article 22

Constituent des *actes de nature organique* :
• les dispositions non abrogées des Traités antérieurs et celles qui leur seraient substituées ;
• les dispositions figurant en annexe et les lois organiques adoptées par le Parlement concernant les compétences et l'organisation des institutions de l'Union.

Les lois organiques sont adoptées par le Parlement à la majorité qualifiée des trois cinquièmes de ses membres. Elles ne peuvent être promulguées qu'après déclaration par la Cour de justice de leur conformité avec la Constitution.

Article 23

Constituent des *actes de nature législative* :

• les lois adoptées par le Parlement édictant des règles de portée générale. Les lois fixent le cadre et les éléments essentiels des dispositions prises. Les modalités et les conditions de mise en œuvre des lois relèvent de la compétence de la Commission agissant dans l'exercice de son pouvoir réglementaire.

• les règlements adoptés par le Conseil des ministres, sur proposition de la Commission, avec l'accord du Parlement, en vue de la réalisation de certains objectifs de l'Union. Ils sont directement applicables en tous leurs éléments dans les États-membres.

• les directives adoptées par le Conseil des ministres, sur proposition de la Commission, avec l'accord du Parlement, en vue de la réalisation de certains objectifs de l'Union. Elles fixent aux États-membres les résultats à atteindre. Ceux-ci demeurent compétents pour déterminer la forme et les moyens propres à atteindre ces résultats.

Article 24

Constituent des *actes de nature administrative* :

• les décisions prises par la Commission dans l'exercice de son pouvoir réglementaire.

Article 25

Les institutions de l'Union ainsi que les États-membres sont tenus de prendre en compte la hiérarchie des normes dans leur domaine respectif de compétence.

La Cour de justice assure le respect de la hiérarchie des normes.

TITRE V

Les institutions
de l'Union européenne

CHAPITRE I
Le président de l'Union européenne

Article 26 – **Nomination**

Le président de l'Union européenne est choisi parmi les personnalités ayant rendu à l'Europe des services éminents.

Sur proposition du Conseil européen, le président est élu par le Parlement à la majorité absolue de ses membres. L'élection a lieu au scrutin personnel et secret, sans débat.

La durée des fonctions du président de l'Union européenne est de cinq ans. Le mandat n'est pas renouvelable.

Le président de l'Union réside à Bruxelles.

Son statut est fixé par une loi organique.

Article 27 – **Fonctions**

Le président de l'Union préside les séances du Conseil européen. Il ne prend pas part aux votes.

Le président de l'Union représente l'Union sur le plan international. Il ne participe pas à la négociation des traités ni à la détermination de la politique étrangère et de sécurité commune de l'Union.

Il signe au nom de l'Union les traités conclus avec les États tiers et les organisations internationales. Il accrédite et reçoit les envoyés diplomatiques.

Le président de l'Union ouvre les sessions du Parlement européen. Il ne participe pas à ses travaux. Le président de l'Union peut adresser des messages écrits au Parlement européen. Ils ne font l'objet d'aucun débat.

Article 28 – **Déchéance**

A la demande du Conseil des ministres statuant à la majorité qualifiée, le président de l'Union peut être mis en accusation par un vote du Parlement, pris à la majorité des deux tiers des députés, devant la Cour de justice de l'Union européenne pour manquement grave aux devoirs de ses fonctions. La procédure applicable devant la Cour de justice est définie par une loi organique.

Si la Cour de justice juge que le président de l'Union a commis les actes dont il est accusé, elle peut le déchoir de ses fonctions.

Article 29 – **Vacance**

La fonction du président de l'Union prend fin par son décès, sa démission, la déchéance de son mandat ou l'incapacité physique ou intellectuelle où il se trouve de l'exercer.

Le Conseil des ministres constate la vacance de la présidence et ouvre la procédure d'élection d'un nouveau président conformément aux dispositions de la loi organique.

Le président du Parlement assure jusqu'à l'élection du nouveau président de l'Union ses fonctions à titre temporaire. Il ne peut toutefois s'adresser en cette qualité au Parlement.

CHAPITRE II

Le Conseil européen

Article 30 – **Composition**

Le Conseil européen est composé des chefs d'État ou de gouvernement des États-membres.

Article 31 – **Pouvoirs**

Le Conseil européen détermine les orientations politiques générales de l'Union. Il donne à l'Union les impulsions utiles à son développement. Il définit les principes et les lignes directrices de la politique étrangère et de sécurité commune. Il décide des stratégies communes qui seront mises en œuvre par l'Union. Il arrête les principes et les moyens d'une politique de défense commune. Il propose la personnalité apte à être élue président de l'Union. Il désigne le Premier ministre.

Article 32 – **Fonctionnement**

Le Conseil européen se réunit à Bruxelles une fois par semestre ou à la demande de la majorité de ses membres.

Le Premier ministre de l'Union, assisté du haut représentant pour la politique étrangère et de sécurité commune, participe aux séances du Conseil européen. Il ne prend pas part aux votes.

Les décisions du Conseil européen sont prises par consensus, sauf si l'un des membres demande un vote. Dans ce cas, la décision est prise à la majorité qualifiée renforcée constituée par la majorité des deux tiers des États-membres représentant au moins la moitié de la population totale de l'Union européenne.

Le Conseil européen informe le Parlement européen du résultat de ses réunions.

CHAPITRE III

Le gouvernement de l'Union européenne

Article 33

Le gouvernement de l'Union européenne est exercé, sous l'autorité du Premier ministre, par le Conseil des ministres de l'Union assisté par la Commission européenne.

Le Premier ministre de l'Union

Article 34 – **Nomination**

Le Premier ministre est choisi par le Conseil européen parmi les personnalités de l'Union européenne reconnues pour leur expérience et leur attachement à la cause européenne. Cette désignation est soumise à l'investiture du Parlement statuant à la majorité absolue de ses membres.

Le Premier ministre est nommé pour cinq ans. Son mandat est renouvelable une fois.

En cas de démission, d'incapacité ou de décès, le Premier ministre est remplacé, pour la durée du mandat restant à courir, selon la procédure prévue pour sa nomination.

Article 35 – Fonctions

Le Premier ministre assiste au Conseil européen.

Le Premier ministre préside le Conseil des ministres.

Le Premier ministre dirige la Commission. Il détermine l'organisation interne de la Commission. Il arrête les compétences de chacun de ses membres. Il peut modifier cette répartition en cours de mandat. Sur sa proposition, la Commission peut élire des vice-présidents parmi ses membres.

Le Président est assisté par un secrétaire général nommé et révocable par lui.

Le Conseil des ministres de l'Union

Article 36 – Composition

Le Conseil des ministres est un organe permanent de l'Union. Il est composé d'un représentant de chaque État-membre ayant rang de ministre, habilité à engager le gouvernement de cet État-membre.

Les membres du Conseil des ministres de l'Union portent le titre de ministre de l'Union européenne, indépendamment de leur fonction nationale.

Peuvent participer au Conseil des ministres les membres des gouvernements des États en charge des questions traitées. Chaque État ne dispose que d'une voix au Conseil des ministres.

Article 37 – **Fonctionnement**

Le Conseil des ministres se réunit à intervalles réguliers sous la présidence du Premier ministre pour traiter des affaires de l'Union.

Le Conseil des ministres peut être réuni, si les circonstances le requièrent, sur convocation du Premier ministre ou à la demande de la majorité de ses membres.

Le haut représentant pour la politique étrangère et de sécurité commune assiste aux réunions du Conseil des ministres. Le Premier ministre peut également appeler à participer aux travaux du Conseil des ministres, un ou plusieurs membres de la Commission au regard des sujets mis à l'ordre du jour du Conseil. Les commissaires ne prennent pas part aux votes.

Le Conseil des ministres statue à la majorité qualifiée, constituée par la majorité absolue des États-membres représentant la majorité de la population totale de l'Union européenne. Dans les cas prévus par la Constitution, le Conseil des ministres statue à la majorité qualifiée renforcée, constituée par la majorité des deux tiers des États-membres représentant au moins la moitié de la population totale de l'Union européenne.

Le Conseil des ministres siège à Bruxelles. Les services du Conseil sont dirigés par un secrétaire général nommé par le Premier ministre et révocable par lui.

Une loi organique détermine le statut des ministres et les modalités du fonctionnement du Conseil des ministres.

Article 38 – **Pouvoirs**

1. Le Conseil des ministres assure la réalisation des objectifs de l'Union, conformément aux orientations générales définies par le Conseil européen.

Si une action de l'Union apparaît nécessaire pour réaliser un des objectifs assignés à l'Union, le Conseil des ministres, statuant à la majorité qualifiée renforcée, sur proposition de la Commission et avec l'accord du Parlement européen statuant à la majorité absolue, prend toutes les dispositions appropriées.

2. Le Conseil des ministres veille à l'unité, à la cohérence et à l'efficacité de l'action de l'Union. Il s'assure que les États-membres veillent à la conformité de leur politique nationale avec les positions communes.

3. Le Conseil des ministres, sur proposition de la Commission et avec l'accord du Parlement, arrête des règlements et des directives. Il confère à la Commission les compétences d'exécution de ses décisions. Il adopte les projets de loi proposés par la Commission et les présente au Parlement.

4. Le Conseil des ministres prend les décisions nécessaires à la définition et à la mise en œuvre de la politique étrangère et de sécurité commune, conformément aux principes et orientations arrêtés par le Conseil européen. Il représente l'Union dans ce domaine. Il exprime la position de l'Union dans les organisations internationales et au sein des conférences internationales. Il est assisté par le haut représentant. Il peut désigner des représentants spéciaux pour des missions déterminées.

Le Conseil des ministres recommande au Conseil européen des stratégies communes. Il arrête les mesures nécessaires à leur mise en œuvre.

Les décisions relevant de la politique étrangère et de sécurité commune sont prises par le Conseil des ministres à la majorité qualifiée. Les abstentions des membres présents ou représentés n'empêchent pas l'adoption de ces décisions. Tout membre du Conseil dont le représentant s'abstient n'est pas tenu d'appliquer la décision, mais accepte qu'elle engage l'Union.

Si un membre du Conseil des ministres déclare que, pour des raisons de politique nationale importantes et qu'il expose, il a l'intention de s'opposer à l'adoption d'une décision devant être prise à la majorité qualifiée, il est procédé à un vote à la majorité qualifiée renforcée. L'État-membre concerné s'abstient de toute action susceptible d'entrer en conflit avec l'action de l'Union fondée sur cette décision ou d'y faire obstacle.

Le Conseil des ministres autorise le Premier ministre, assisté par le haut représentant pour la politique étrangère et de sécurité commune, à engager des négociations en vue de conclure un accord avec un ou plusieurs États ou organisations internationales. Le Conseil conclut ces accords à la majorité qualifiée renforcée.

Article 39 – **Les Comités**

Le Conseil des ministres est assisté par le Comité des représentants permanents des États-membres auprès de l'Union européenne.

Le Comité des représentants permanents prépare les travaux du Conseil et exécute les mandats qui lui sont confiés par celui-ci.

Le Conseil des ministres décide, sur proposition de la Commission la création de comités spécialisés dans certains domaines de compétence de l'Union. La mission de ces comités, leur composition et leur fonctionnement sont déterminés par une loi organique.

La Commission

Article 40 – **Composition**

La Commission est composée de quinze membres au plus, choisis en raison de leur compétence et de leur expérience, et présentant toutes les garanties d'indépendance et d'intégrité. Les membres de la Commission doivent être chacun de nationalité différente. Ils exercent leur fonction en pleine indépendance, dans l'intérêt général de l'Union. Dans l'accomplissement de leurs devoirs, ils ne sollicitent ni n'acceptent d'instructions d'aucun gouvernement ni d'aucun organisme extérieur à l'Union. Ils s'abstiennent de tout acte incompatible avec le caractère de leurs fonctions. Chaque État-membre s'engage à ne pas influencer les membres de la Commission dans l'exercice de leurs fonctions.

Des commissaires adjoints peuvent être nommés dans les mêmes conditions que les commissaires en titre pour les assister dans leurs fonctions. Leur nombre ne saurait excéder celui des commissaires en titre.

Sur proposition du Premier ministre, le Conseil des ministres, statuant à la majorité qualifiée renforcée, arrête la liste des membres de la Commission.

La Commission ainsi composée est collégialement soumise à l'approbation du Parlement statuant à la majorité absolue. A défaut d'approbation, le Premier ministre présente au Parlement un collège autrement composé.

Les membres de la Commission sont nommés pour cinq ans. Leur mandat est renouvelable une fois.

Le statut des membres de la Commission est fixé par une loi organique.

Article 41 – **Fonctions**

La Commission assure la gouvernance de l'Union. Elle veille à la mise en œuvre des orientations définies par le Conseil européen. Elle est associée aux travaux et aux actes du Conseil des ministres. Elle dirige l'administration de l'Union. Elle propose toutes mesures utiles au progrès de l'Union. Elle assure l'exécution des décisions prises. Elle veille au respect par les États-membres et les institutions des obligations découlant de la Constitution.

La Commission exerce le pouvoir réglementaire au sein de l'Union. Dans le cadre de ses compétences, elle prend les actes de portée générale nécessaires à la réalisation des objectifs de l'Union, conformément aux décisions prises par le Conseil des ministres.

La Commission prépare le projet de budget de l'Union et soumet celui-ci au Conseil des ministres. Elle propose au Conseil des ministres les projets de réglements et directives ainsi que les projets de loi qu'elle estime utile de présenter au Parlement européen. Devant le Parlement, un représentant de la Commission assiste le ministre de l'Union désigné pour soutenir les textes en discussion.

La Commission adresse un rapport annuel sur son action au Parlement européen. Le rapport fait l'objet d'une discussion publique en présence du Premier ministre.

Article 42 – **Haut représentant**

Sur proposition du Premier ministre, le Conseil des ministres nomme parmi les membres de la Commission un haut représentant de l'Union pour la politique étrangère et de sécurité commune.

Sous l'autorité du Premier Ministre, le haut représentant de l'Union assume au sein de la Commission les responsabilités afférentes à la politique étrangère de l'Union. Il assiste au Conseil des ministres de l'Union sans prendre part aux votes. Il reçoit du Conseil des ministres tous mandats et instructions utiles. Il rend compte au Premier ministre et au Conseil des ministres de l'exercice de ses fonctions. Il peut être assisté par des représentants spéciaux nommés par le Conseil des ministres pour une mission déterminée.

Article 43 – **Démission**

Les fonctions de membre de la Commission prennent fin individuellement par démission volontaire ou d'office.

Tout membre de la Commission présente d'office sa démission si le Premier ministre, avec l'accord du Conseil des ministres, la lui demande.

Le membre démissionnaire ou décédé est remplacé, sur proposition du Premier ministre, pour la durée du mandat restant à courir, par un membre nommé par le Conseil des ministres. Le Conseil peut décider qu'il n'y a pas lieu à remplacement.

Article 44– **Fonctionnement**

Les membres de la Commission exercent les fonctions qui leur sont dévolues par le Premier ministre sous l'autorité de celui-ci.

Sauf dispositions particulières, les décisions de la Commission sont acquises à la majorité absolue de ses membres. Les modalités d'organisation et de fonctionnement de la Commission sont fixées par une loi organique.

La Commission siège à Bruxelles.

Article 45 – **Censure**

Le Parlement européen, saisi d'une motion de censure sur la gestion de la Commission, se prononce sur cette motion trois jours au moins après son dépôt et par un scrutin public.

Si la motion de censure est adoptée à la majorité des deux tiers des voix exprimées et à la majorité absolue des membres du Parlement, les membres de la Commission doivent démissionner collectivement de leurs fonctions. Ils continuent à expédier les affaires courantes jusqu'à leur remplacement. Le mandat des nouveaux membres s'achève au terme prévu pour les membres démissionnaires.

CHAPITRE IV
Le Parlement européen

Article 46 – **Pouvoirs**

Le Parlement européen représente les citoyens de l'Union. Il vote les lois de l'Union. Il ratifie les accords internationaux auxquels l'Union est partie. Il élit le président de l'Union et investit le Premier ministre. Il habilite le Conseil des ministres à adopter les règlements et directives nécessaires à la réalisation de certains objectifs de l'Union. Il participe, par ses débats et recommandations, aux politiques conduites par le Conseil des ministres et la Commission. Il crée des commissions d'enquêtes. Il approuve la composition du collège des membres de la Commission. Il peut censurer la gestion de la Commission.

Article 47 – **Composition**

Le Parlement est composé de députés élus au suffrage universel direct par les citoyens de l'Union. Le nombre des députés européens et leur répartition par État-membre sont fixés dans le tableau figurant en annexe à la Constitution. Ces dispositions ont valeur de loi organique. Elles assurent une représentation appropriée des citoyens de chaque État-membre au sein du Parlement.

Les députés européens sont élus pour cinq ans. La loi organique fixe les principes de leur élection. Les États-membres les mettent en œuvre conformément à leurs règles constitutionnelles.

La loi organique détermine le statut et les conditions d'exercice du mandat des députés européens.

Article 48 – **Partis politiques européens**

Les partis politiques constitués au niveau européen contribuent à l'intégration et à la démocratisation de l'Union européenne.

La loi organique assure aux partis politiques européens la possibilité d'une participation directe aux élections au Parlement européen. Elle fixe leur

statut, notamment les règles relatives à leur financement.

Article 49 – **Vote**

Le Parlement statue à la majorité absolue des
suffrages exprimés, sauf dispositions particulières
de la Constitution.

Tout mandat impératif est nul. Le droit de vote
des membres du Parlement est personnel.

La loi organique détermine les cas où la délégation de vote est exceptionnellement autorisée. Nul
ne peut recevoir délégation de plus d'un mandat.

Article 50 – **Organisation**

Le Parlement arrête son règlement à la majorité
absolue de ses membres. Il détermine le nombre
des commissions permanentes.

Le Parlement élit parmi ses membres, à la
majorité absolue, son Président et les membres du
bureau pour la durée de la législature.

Le Parlement tient une session annuelle. Il se
réunit en session extraordinaire à la demande du
Conseil des ministres.

L'ordre du jour de la session est arrêté d'un
commun accord entre le Premier ministre et le
président du Parlement.

Article 51 – **Fonctionnement**

1. Le Parlement est saisi des projets de loi organique ou ordinaire.

Le Parlement peut également être saisi d'une proposition de loi déposée par un ou plusieurs parlementaires. Toute proposition de loi est communiquée pour avis à la Commission.

Les projets et propositions de loi sont examinés en commission et débattus en séance publique selon les modalités fixées par le règlement du Parlement.

Le Conseil des ministres peut à tout moment retirer le projet de loi en discussion.

Après l'adoption du texte, le Conseil des ministres peut demander une nouvelle délibération de la loi ou de certains de ses articles. Cette nouvelle délibération ne peut être refusée. Elle intervient dans le cours de la session, ou en priorité à la session suivante. Le texte doit alors être voté à la majorité des deux tiers des membres du Parlement.

2. Le Parlement vote le budget de l'Union préparé par la Commission et présenté par le Conseil des ministres. La procédure d'adoption de la loi budgétaire est définie dans une loi organique.

3. Le Parlement peut, à la demande d'un quart de ses membres, décider la création d'une commission d'enquête pour examiner les allégations d'infraction ou les conditions de l'application du droit de l'Union, sauf si une juridiction est saisie des faits allégués et aussi longtemps que la procédure n'est pas achevée. L'existence de la commission d'enquête s'achève par le dépôt de son rapport.

La composition et le fonctionnement des commissions d'enquête du Parlement sont fixés par la loi organique.

4. Le Parlement procède à l'audition du Premier ministre, des ministres de l'Union et des membres de la Commission dans les conditions fixées par le règlement.

5. Le Parlement donne aux pétitions qui lui sont adressées la suite qu'il juge convenable, conformément aux dispositions de son règlement.

Article 52 – **Dissolution**

Le Parlement peut être dissous par une décision du Conseil des ministres prise, après avis de la Commission, à la majorité qualifiée renforcée.

Il est procédé aussitôt à l'élection d'un nouveau Parlement. Celui-ci ne peut être dissous dans la première année suivant son élection.

CHAPITRE V

Le Conseil des Parlements nationaux

Article 53 – **Composition**

Le Conseil des Parlements nationaux est composé de quatre parlementaires de chaque État-membre, désignés pour cinq ans par les Assemblées parlementaires des États-membres. Il tient une session annuelle pendant la session du Parlement européen. Le Conseil des Parlements nationaux peut aussi être réuni en session extraordinaire sur convocation de son Président ou à la demande du Conseil des ministres ou de la majorité absolue de ses membres.

Article 54 – **Organisation**

L'organisation et le fonctionnement du Conseil des Parlements nationaux, ainsi que le statut de ses membres, sont déterminés par une loi organique. Le Conseil des Parlements nationaux arrête son règlement. Il élit parmi ses membres son Président et les membres de son bureau.

Article 55 – **Fonctions**

Pour assurer le respect des règles déterminant les compétences de l'Union, le Conseil des Parlements nationaux est saisi des projets ou propositions de loi déposés sur le bureau du Parlement. Après délibération, le Conseil donne un avis motivé sur la conformité du texte aux règles déterminant les compétences respectives de l'Union et des États-membres. Cet avis est communiqué au Parlement européen et fait l'objet d'un rapport spécial lors de la discussion du texte par le Parlement.

Après l'adoption de la loi par le Parlement et avant sa promulgation, le Conseil des Parlements nationaux, par une résolution prise à la majorité simple ou signée par la moitié de ses membres dans un délai de quinze jours, peut exercer le recours préalable prévu à l'article 20. La Cour de justice rend sa décision dans un délai d'un mois.

Le Conseil des Parlements nationaux adresse au Parlement européen, au Conseil des ministres et à la Commission toute recommandation ou proposition qu'il juge utile au progrès de l'Union et à la réalisation de ses objectifs.

La Cour de Justice et le Tribunal de l'Union européenne

Article 56

La Cour de justice de l'Union européenne assure le respet de la Constitution et du droit de l'Union européenne. Elle veille au respect des compétences respectives de l'Union et des États-membres. Elle protège les droits fondamentaux des citoyens de l'Union.

Le Tribunal de l'Union participe, dans le cadre de ses compétences, à l'exercice de la mission juridictionnelle de la Cour de justice.

Article 57 – **Composition**

1. La Cour de justice est composée d'un juge par État-membre. Elle est assistée d'avocats généraux.

Les juges et les avocats généraux sont choisis parmi les personnalités présentées par les États-membres offrant toutes les garanties d'indépendance et qui réunissent les conditions requises pour l'exercice, dans leurs pays respectifs, des plus hautes fonctions juridictionnelles ou qui sont des jurisconsultes possédant des compétences notoires.

Ils sont nommés pour neuf ans par le Conseil des ministres de l'Union.

Un renouvellement partiel des juges et des avocats généraux a lieu tous les trois ans.

Les juges et les avocats généraux sont renouvelables.

Les juges siègent en formation collégiale selon les règles prévues par le statut de la Cour.

Les juges désignent parmi eux, pour trois ans, le président de la Cour de justice. Son mandat est renouvelable.

Les avocats généraux ont pour rôle de présenter publiquement, en toute impartialité et indépendance, des conclusions motivées sur les affaires soumises à la Cour.

Le statut de la Cour fixe le nombre des avocats généraux et les conditions de leur intervention devant la Cour.

La Cour de justice nomme son greffier dont elle fixe le statut.

La Cour de justice établit son règlement de procédure.

2. Le Tribunal de l'Union compte au moins un juge par État-membre. Le nombre des juges du Tribunal est fixé par le statut de la Cour de justice. Le Tribunal peut être assisté par des avocats généraux

dans les conditions fixées par le statut de la Cour. Les membres du Tribunal sont choisis parmi les personnes offrant toutes les garanties d'indépendance et possédant la capacité requise pour l'exercice de fonctions juridictionnelles. Ils sont nommés pour six ans par le Conseil des ministres sur proposition de la Commission et après consultation du Parlement, sans débat préalable. Ils sont renouvelables. Un renouvellement partiel a lieu tous les trois ans.

Les juges désignent parmi eux, pour trois ans, le président du Tribunal. Son mandat est renouvelable.

Le Tribunal nomme son greffier. Il établit son règlement de procédure en accord avec la Cour de justice.

Article 58 – **Compétences**

1. *Compétences générales*

La Cour de justice et le Tribunal assurent, dans le cadre de leurs compétences respectives, le respect du droit dans l'interprétation et l'application de la Constitution et de la législation européenne.

**1. Manquement des États-membres
à la Constitution :**

La Cour de justice peut être saisie par le Conseil des ministres, la Commission, le Parlement ou un État-membre d'un manquement allégué d'un État-membre aux obligations qui lui incombent en vertu de la Constitution.

2. Contrôle de légalité :

La Cour de justice contrôle la légalité des actes des institutions de l'Union.

La Cour de justice peut être saisie à cet effet par le Conseil des ministres, la Commission, le Parlement ou un État-membre d'un recours en annulation d'un acte des institutions de l'Union.

Les personnes physiques ou morales peuvent également former des recours contre les actes les concernant directement et individuellement.

3. Carence des institutions de l'Union :

La Cour de justice peut être saisie par le Conseil des ministres, la Commission, le Parlement ou un État-membre dans le cas où, en violation de la Constitution, une de ces institutions s'abstient de statuer.

Les personnes physiques ou morales peuvent exercer un recours en carence dans les cas fixés par le statut de la Cour.

4. Interprétation de la Constitution :

La Cour de justice peut être saisie à titre préjudiciel de recours en interprétation de la Constitution et du droit dérivé par les juridictions nationales des États-membres.

5. Contrôle de conformité :

La Cour de justice assure le respect de la hiérarchie des normes et des règles de compétence définies dans la Constitution.

2. Compétences spéciales

1. La Cour de justice peut également connaître certaines catégories de litiges dont la compétence lui est attribuée par une loi organique.

Article 59 – **Compétences du Tribunal de l'Union**

Le Tribunal est compétent pour connaître en première instance certaines catégories de litiges dans les limites et selon les modalités d'exercice définies dans la loi organique. Les voies de recours susceptibles d'être exercées contre les décisions du Tribunal sont définies par une loi organique.

Article 60 – **Procédure**

Les règles régissant la procédure devant la Cour de justice et le Tribunal ainsi que la force exécutoire de leurs décisions sont définies au statut de la Cour.

Le statut de la Cour figure en annexe de la Constitution. Le statut a valeur de loi organique.

CHAPITRE VI
Le procureur de l'Union européenne

Article 61 – **Nomination**

Le Procureur de l'Union veille à la sauvegarde des intérêts financiers de l'Union.

Le Procureur est nommé par le Conseil des ministres sur proposition de la Commission et après approbation du Parlement parmi les personnalités offrant toutes les garanties d'indépendance et réunissant, dans leurs pays respectifs, les conditions requises pour l'exercice des plus hautes fonctions juridictionnelles.

Le Procureur est nommé pour six ans. Son mandat n'est pas renouvelable.

Article 62 – **Fonctions**

Le Procureur de l'Union a compétence pour agir sur tout le territoire de l'Union en matière d'infractions relatives à la fraude et à toute autre activité illégale portant atteinte aux intérêts financiers de l'Union.

Le Procureur assure la direction et la centralisation des recherches et des poursuites relatives à ces infractions. Il est assisté de procureurs délégués dans les États-membres, qui sont des procureurs ou des fonctionnaires nationaux.

Les actes de recherche et de poursuite du Procureur sont valables dans toute l'Union.

Une loi organique fixe le statut du Procureur de l'Union, les conditions d'exercice de ses fonctions, les règles de procédure applicables à ses activités, ainsi que celles gouvernant l'admissibilité des preuves. La loi organique détermine les recours qui peuvent être exercés devant les juridictions nationales contre les actes du Procureur de l'Union.

CHAPITRE VIII

La Cour des comptes
de l'Union européenne

Article 63 – **Composition**

La Cour des comptes est composée d'un membre par État.

Les membres de la Cour des comptes sont choisis parmi des personnalités appartenant ou ayant appartenu dans leur pays respectif aux institutions de contrôle externe ou possédant une qualification particulière pour cette fonction. Ils offrent toutes les garanties d'indépendance et d'intégrité.

Les membres de la Cour des comptes sont nommés pour six ans par le Conseil des ministres après consultation de la Commission et du Parlement. Ils sont renouvelables. Ils désignent parmi eux, pour trois ans, le président de la Cour des comptes. Le mandat de celui-ci est renouvelable.

Les membres de la Cour des comptes exercent leurs fonctions en pleine indépendance, dans l'intérêt général de l'Union. Dans l'accomplissement de leurs devoirs, ils ne sollicitent ni n'acceptent d'instructions d'aucun gouvernement ni d'aucun organisme. Ils s'abstiennent de tout acte incompatible avec leurs fonctions.

Article 64 – **Fonctions**

La Cour des comptes assure le contrôle des comptes au sein de l'Union.

La Cour des comptes examine les comptes de la totalité des recettes et dépenses de l'Union. Elle examine également les comptes de la totalité des recettes et dépenses de tout organisme créé par l'Union dans la mesure où l'acte de fondation n'exclut pas cet examen.

La Cour des comptes établit un rapport annuel après la clôture de chaque exercice. Elle peut présenter des rapports spéciaux sur des questions particulières et rendre des avis à la demande des institutions de l'Union.

La Cour des comptes assiste le Parlement, le Conseil des ministres et la Commission dans l'exercice de leur fonction de contrôle de l'exécution du budget.

Une loi organique détermine les modalités des contrôles exercés par la Cour des comptes ainsi que de sa coopération avec les institutions de l'Union et celles des États-membres. Elle détermine les conditions d'élaboration et de publication des rapports et avis.

La Cour des comptes établit son règlement intérieur. Il est soumis à l'approbation du Conseil des ministres statuant à la majorité qualifiée.

CHAPITRE IX
Le médiateur de l'Union européenne

Article 65 – **Nomination**

Le médiateur est nommé par le Parlement européen parmi les personnalités de l'Union européenne offrant toutes les garanties d'expérience, d'indépendance et d'intégrité. Le médiateur est nommé pour la durée de la législature. Son mandat est renouvelable une fois.

Article 66 – **Fonctions**

Le médiateur reçoit les plaintes de toute personne physique ou morale relative à des cas de mauvaise administration des institutions ou organes de l'Union, à l'exclusion de la Cour de justice et du Tribunal de l'Union dans l'exercice de leurs fonctions juridictionnelles.

Il instruit ces plaintes. Il demande aux administrations concernées toutes les explications. Il propose toutes les mesures, y compris de conciliation, propres à remédier au dommage constaté. Il rend compte au Parlement de ses diligences. Il adresse chaque année au Parlement un rapport écrit sur son activité.

Une loi organique fixe le statut et les modalités d'exercice des fonctions de médiateur.

Les comités consultatifs

1. Le Comité économique et Social

Article 67 – **Composition**

Le Comité économique et social est composé de représentants des différentes catégories de la vie économique et sociale de l'Union.

Les membres du Comité sont nommés pour quatre ans, sur proposition des États-membres, par le Conseil des ministres statuant à la majorité qualifiée. Leur mandat est renouvelable. Le nombre et la répartition par États des membres du Comité sont fixés par une loi organique.

Les membres du Comité ne doivent être liés par aucun mandat impératif. Ils exercent leurs fonctions en pleine indépendance, dans l'intérêt général de l'Union.

Article 68 – **Fonctions**

Le Comité est consulté par le Conseil des ministres, la Commission, le Parlement européen, dans les cas et selon les modalités fixés dans la loi organique.

Le Comité peut de sa propre initiative émettre un avis dans les cas où il le juge opportun.

Le Comité élit parmi ses membres son président et son bureau.

La loi organique fixe les modalités de l'organisation et du fonctionnement du Comité.

2. LE COMITÉ DES RÉGIONS

Article 69 – **Composition**

Le Comité des régions est composé de représentants des collectivités régionales et territoriales.

Les membres du Comité et leurs suppléants sont nommés pour quatre ans, sur proposition des États-membres, par le Conseil des ministres statuant à la majorité qualifiée. Leur mandat est renouvelable. Ils ne peuvent être membres du Parlement européen.

Les membres du Comité et leurs suppléants doivent être titulaires d'un mandat électif au sein d'une collectivité régionale ou locale, ou être politiquement responsables devant une assemblée élue. S'ils perdent cette qualité, leur participation au Comité prend fin d'office et ils sont remplacés par leurs suppléant pour la période restante.

Le nombre et la répartition par États des membres du Comité, ainsi que les modalités de leur remplacement, sont fixés par une loi organique.

Les membres du Comité et leurs suppléants ne doivent être liés par aucun mandat impératif. Ils exercent leurs fonctions en pleine indépendance, dans l'intérêt général de l'Union.

Article 70 – **Fonctions**

Le Comité des régions est consulté par le Conseil des ministres, la Commission, le Parlement européen dans les cas et selon les modalités fixés dans la loi organique.

Le Comité peut, de sa propre initiative, émettre un avis dans les cas où il le juge opportun.

Le Comité élit parmi ses membres son président et son bureau.

La loi organique fixe les modalités de l'organisation et du fonctionnement du Comité.

TITRE VII

Les coopérations renforcées

Article 71 – **Définition**

Dans le cadre de l'Union, les coopérations renforcées permettent à des États-membres de réaliser ensemble des actions communes qui favorisent les progrès de l'Union. Les coopérations renforcées n'obligent que les États-membres qui y souscrivent. Elles ne portent pas atteinte aux droits des autres États-membres. Elles sont ouvertes à l'adhésion des autres États-membres.

Article 72 – **Conditions**

1. Le Conseil des ministres, sur avis de la Commission et après consultation du Parlement, autorise, à la majorité qualifiée renforcée, les États-membres qui se proposent d'instaurer entre eux une coopération renforcée à utiliser les institutions de l'Union. La coopération envisagée doit :

a) tendre à favoriser la réalisation des objectifs de l'Union et à préserver et à servir ses intérêts ;

b) respecter les principes de la Constitution, le cadre institutionnel unique de l'Union et l'acquis communautaire ;

c) rester dans les limites des compétences de l'Union et ne pas concerner des domaines relevant de la compétence exclusive de l'Union ;

d) ne pas porter atteinte au marché intérieur ni à la cohésion économique et sociale de l'Union ;

e) n'emporter aucune discrimination entre les États-membres ;

f) ne pas avoir trait à la citoyenneté de l'Union et ne pas créer de discrimination entre les ressortissants des États-membres ;

g) concerner au moins la moitié des États-membres ;

h) être ouverte à tous les États-membres et leur permettre de se joindre à tout moment à une telle coopération, sous réserve de respecter la décision initiale ainsi que les décisions prises dans ce cadre.

Article 73 – **Mise en œuvre**

1. Les États-membres appliquent, dans la mesure où ils sont concernés, les actes et décisions pris pour la mise en œuvre de la coopération à laquelle ils participent. De tels actes et décisions ne lient que les États-membres qui y participent. Les États-membres ne participant pas à la coopération

renforcée n'entravent pas la mise en œuvre de la coopération par les États-membres qui y participent.

2. Aux fins d'adoption des actes et décisions nécessaires à la mise en œuvre de la coopération renforcée, les dispositions institutionnelles pertinentes de la Constitution s'appliquent. Toutefois, alors que tous les membres du Conseil des ministres peuvent participer aux délibérations, seuls ceux qui représentent des États-membres participant à la coopération renforcée prennent part à l'adoption des décisions. La majorité requise est déterminée en fonction des voix des seuls membres du Conseil des ministres concernés. L'unanimité est constituée par les voix des seuls membres du Conseil concernés.

Les dépenses résultant de la mise en œuvre de la coopération, autres que les coûts administratifs occasionnés pour les institutions, sont à la charge des États-membres qui y participent, à moins que le Conseil des ministres, statuant à l'unanimité, n'en décide autrement.

Le Conseil et la Commission informent régulièrement le Parlement européen de l'évolution de la coopération renforcée.

3. Les modalités d'exercice des coopérations renforcées font l'objet d'une loi organique.

Dispositions financières

Article 74 – **Budget**

1. Le budget de l'Union européenne prévoit de façon sincère et exhaustive l'ensemble des recettes et dépenses de l'Union.

L'exercice budgétaire est l'année civile.

Le budget doit être équilibré en recettes et en dépenses. Il ne peut y avoir de compensation entre elles.

2. Le budget est, sans préjudice des autres recettes, intégralement financé par des ressources propres.

3. Certaines dépenses peuvent faire l'objet d'engagements pluriannuels.

4. La Commission prépare le projet de budget de l'Union.

Les propositions de dépenses établies par la Commission sont transmises au Conseil des ministres et au Conseil des Parlements nationaux.

Le Conseil des ministres arrête ces propositions à la majorité qualifiée de ses membres.

Le Parlement vote les dépenses selon les modalités figurant dans une loi organique.

4. Sur proposition de la Commission et après consultation du Parlement européen, le Conseil des ministres arrête les dispositions relatives au système des ressources propres de l'Union européenne dont il recommande l'adoption par les États-membres, conformément à leurs règles constitutionnelles respectives.

Article 75 – **Discipline budgétaire**

En vue d'assurer la discipline budgétaire, aucun acte communautaire, aucune mesure d'exécution susceptible d'avoir des incidences notables sur le budget ne peuvent être proposées ni adoptées par les institutions de l'Union européenne sans l'assurance que ces dispositions peuvent être financées dans la limite des ressources propres de l'Union.

Article 76 – **Intérêts financiers
de l'Union européenne**

1. L'Union européenne et les États-membres combattent la fraude et toute autre activité illégale portant atteinte aux intérêts financiers de l'Union.

2. Les États-membres prennent les mêmes mesures pour combattre la fraude portant atteinte

aux intérêts financiers de l'Union européenne que celles qu'ils prennent pour combattre la fraude portant atteinte à leurs propres intérêts financiers.

3. Les États-membres coordonnent leurs actions visant à protéger les intérêts financiers de l'Union européenne contre la fraude.

Modifications de la composition et de la Constitution de l'Union européenne

Article 77 – **Admission dans l'Union**

Tout État européen qui respecte les principes énoncés au Titre premier de la présente Constitution peut demander à devenir membre de l'Union. Il adresse sa demande au Conseil européen. Celui-ci prend la décision d'ouvrir la procédure d'admission et saisit le Conseil des ministres. L'admission est prononcée par le Conseil des ministres statuant à la majorité qualifiée renforcée. La décision du Conseil des ministres est prise après consultation de la Commission et après approbation du Parlement, acquise à la majorité des deux tiers de ses membres.

Les conditions d'admission font l'objet d'un accord entre l'Union européenne et l'État demandeur.

Article 78 – **Suspension des droits
des États-membres**

1. Sur demande du Conseil européen ou sur proposition d'un tiers des États-membres ou de la Commission, et après avis conforme du Parlement européen statuant à la majorité absolue de ses membres, le Conseil des ministres, statuant à la majorité qualifiée renforcée, constate l'existence d'une violation grave et persistante par un État-membre de principes énoncés au Titre premier de la Constitution. Avant toute décision, le Conseil des ministres, statuant à la majorité qualifiée renforcée, invite le gouvernement de l'État-membre à présenter toutes observations.

2. Lorsqu'une telle constatation a été faite, le Conseil des ministres, statuant à la majorité qualifiée renforcée, peut décider de suspendre certains droits découlant de l'application de la Constitution à l'État-membre visé, y compris les droits de vote du représentant du gouvernement de cet État-membre au sein du Conseil. Le Conseil tient compte des conséquences éventuelles d'une telle suspension sur les droits et obligations des personnes physiques et morales.

Les obligations qui incombent à l'État-membre en question demeurent contraignantes pour cet État.

3. Le Conseil des ministres, statuant à la majorité qualifiée renforcée, peut décider de modifier les mesures prises ou d'y mettre fin pour répondre à des changements dans la situation qui l'a conduit à imposer ces mesures.

4. Aux fins du présent article, le Conseil statue sans tenir compte du vote du représentant du gouvernement de l'État-membre visé. La majorité qualifiée est définie en prenant en compte l'absence dans le vote du représentant du gouvernement de l'État-membre visé.

Article 79 – **Exclusion**

Au cas où un État-membre persiste dans la violation grave des principes énoncés au Titre premier de la Constitution en dépit de la mise en œuvre des dispositions figurant à l'article 79 ci-dessus, le Conseil des ministres, à la demande du Conseil européen, peut décider d'exclure de l'Union cet État. Cette décision d'exclusion est prise à l'unanimité. Elle ne peut intervenir qu'après que soit restée infructueuse une mise en demeure adoptée à la majorité qualifiée renforcée par le Conseil des ministres après avis de la Commission et approbation du Parlement statuant à la majorité des deux tiers de ses membres.

Les conséquences de l'exclusion d'un État sont traitées de façon identique à celles résultant du retrait d'un État.

Article 80 – **Retrait d'un État-membre**

Tout État-membre peut dénoncer le présent Traité et faire connaître sa décision de quitter l'Union européenne.

La décision de l'État-membre doit être prise au sein de cet État selon la procédure nécessaire pour la révision des dispositions constitutionnelles du niveau le plus élevé

Le retrait de l'État ne prendra effet qu'après écoulement d'un délai fixé par le Conseil européen.

Pendant cette période sera négocié entre l'Union et l'État sortant un accord définissant les modalités d'exercice du retrait et ses conséquences éventuelles sur les intérêts de l'Union. Les dommages éventuellement causés à l'Union par le retrait devront être assumés par l'État sortant. A défaut d'accord entre l'État sortant et le Conseil des ministres, la Cour de justice statue sur le différend. Elle connaît également tous les litiges liés à l'interprétation et à l'exécution des accords de retrait.

Article 81 – **Révision**

Le Conseil européen, la Commission, le Parlement européen ou tout État-membre peut saisir le Conseil des ministres d'une demande de révision de la présente Constitution.

Après consultation des États-membres, de la Commission, le Conseil des ministres, par décision à la majorité qualifiée renforcée, saisit le Parlement d'un projet de révision.

Le projet est adopté à la majorité des deux tiers des membres du Parlement.

S'agissant des protocoles figurant en annexe de la Constitution, ils sont susceptibles de révision selon la même procédure. Dans ce cas, la décision du Conseil des ministres de saisir le Parlement du projet de révision est prise à la majorité qualifiée. Le projet est adopté par le Parlement à la majorité des trois cinquièmes de ses membres. Les mêmes dispositions s'appliquent s'agissant aux lois organiques.

TITRE X

Dispositions diverses

Article 82 – **Régime linguistique**

Sont en usage comme langues de travail au sein des institutions de l'Union européenne l'allemand, l'anglais et le français.

Des dispositions particulières régissant l'usage des langues nationales dans le Conseil européen, le Conseil des ministres, le Parlement européen et éventuellement d'autres instances de l'Union font l'objet d'un protocole annexe à la Constitution.

Article 83 – **Durée**

La présente Constitution est conclue pour une durée illimitée.

Article 84 – **Ratification et entrée en vigueur**

La présente Constitution sera ratifiée par les hautes parties contractantes conformément à leurs règles constitutionnelles respectives. Les instruments de ratification seront déposés auprès de l'Union européenne en son siège, à Bruxelles. La

Constitution entrera en vigueur le premier jour du vingt-cinquième mois suivant le dépôt de l'instrument de ratification du quinzième État signataire qui procédera à cette formalité.

Article 85 – **Abrogation**

Pour chacun des pays signataires, les dispositions des Traités antérieurs contraires à la présente Constitution sont abrogées à la date d'entrée en vigueur de celle-ci.

La Charte
des droits fondamentaux

PRÉAMBULE

Les peuples de l'Europe, en établissant entre eux une union sans cesse plus étroite, ont décidé de partager un avenir pacifique fondé sur des valeurs communes.

Consciente de son patrimoine spirituel et moral, l'Union se fonde sur les valeurs indivisibles et universelles de dignité humaine, de liberté, d'égalité et de solidarité ; elle repose sur le principe de la démocratie et le principe de l'État de droit.

Elle place la personne au cœur de son action en instituant la citoyenneté de l'Union et en créant un espace de liberté, de sécurité et de justice. L'Union contribue à la préservation et au développement de ces valeurs communes dans le respect de la diversité des cultures et des traditions des peuples de l'Europe, ainsi que de l'identité nationale des États-membres et de l'organisation de leurs pouvoirs publics au niveau national, régional et local ; elle cherche à promouvoir un développement équilibré et durable et assure la libre circulation des personnes, des biens, des services et des capitaux, ainsi que la liberté d'établissement.

A cette fin, il est nécessaire, en les rendant plus visibles dans une Charte, de renforcer la protection des droits fondamentaux à la lumière de l'évolution de la société, du progrès social et des développements scientifiques et technologiques.

La présente Charte réaffirme, dans le respect des compétences et des tâches de la Communauté et de l'Union, ainsi que du principe de subsidiarité, les droits qui résultent notamment des traditions constitutionnelles et des obligations internationales communes aux États-membres, du traité sur l'Union européenne et des traités communautaires, de la Convention européenne de sauvegarde des droits de l'homme et des libertés fondamentales, des chartes sociales adoptées par la Communauté et par le Conseil de l'Europe, ainsi que de la jurisprudence de la Cour de justice des Communautés européennes et de la Cour européenne des droits de l'homme.

La jouissance de ces droits entraîne des responsabilités et des devoirs tant à l'égard d'autrui qu'à l'égard de la communauté humaine et des générations futures.

En conséquence, l'Union reconnaît les droits, les libertés et les principes énoncés ci-après.

CHAPITRE I
Dignité

Article 1

Dignité humaine

La dignité humaine est inviolable. Elle doit être respectée et protégée.

Article 2

Droit à la vie

Toute personne a droit à la vie.

Nul ne peut être condamné à la peine de mort ni exécuté.

Article 3

Droit à l'intégrité de la personne

1. Toute personne a droit à son intégrité physique et mentale.

2. Dans le cadre de la médecine et de la biologie, doivent notamment être respectés :

– le consentement libre et éclairé de la personne concernée, selon les modalités définies par la loi,

– l'interdiction des pratiques eugéniques, notamment celles qui ont pour but la sélection des personnes,

– l'interdiction de faire du corps humain et de ses parties, en tant que tels, une source de profit,

– l'interdiction du clonage reproductif des êtres humains.

Article 4

Interdiction de la torture et des peines ou traitements inhumains ou dégradants

Nul ne peut être soumis à la torture ni à des peines ou traitements inhumains ou dégradants.

Article 5

Interdiction de l'esclavage et du travail forcé

1. Nul ne peut être tenu en esclavage ni en servitude.

2. Nul ne peut être astreint à accomplir un travail forcé ou obligatoire.

3. La traite des êtres humains est interdite.

CHAPITRE II

Libertés

Article 6

Droit à la liberté et à la sûreté
Toute personne a droit à la liberté et à la sûreté.

Article 7

Respect de la vie privée et familiale
Toute personne a droit au respect de sa vie privée et familiale, de son domicile et de ses communications.

Article 8

Protection des données à caractère personnel
1. Toute personne a droit à la protection des données à caractère personnel la concernant.

2. Ces données doivent être traitées loyalement, à des fins déterminées et sur la base du

consentement de la personne concernée ou en vertu d'un autre fondement légitime prévu par la loi. Toute personne a le droit d'accéder aux données collectées la concernant et d'en obtenir la rectification.

3. Le respect de ces règles est soumis au contrôle d'une autorité indépendante.

Article 9

Droit de se marier et droit de fonder une famille
Le droit de se marier et le droit de fonder une famille sont garantis selon les lois nationales qui en régissent l'exercice.

Article 10

Liberté de pensée, de conscience et de religion
1. Toute personne a droit à la liberté de pensée, de conscience et de religion. Ce droit implique la liberté de changer de religion ou de conviction, ainsi que la liberté de manifester sa religion ou sa conviction individuellement ou collectivement, en public ou en privé, par le culte, l'enseignement, les pratiques et l'accomplissement des rites.

2. Le droit à l'objection de conscience est reconnu selon les lois nationales qui en régissent l'exercice.

Article 11

Liberté d'expression et d'information

1. Toute personne a droit à la liberté d'expression. Ce droit comprend la liberté d'opinion et la liberté de recevoir ou de communiquer des informations ou des idées sans qu'il puisse y avoir ingérence d'autorités publiques et sans considération de frontières.

2. La liberté des médias et leur pluralisme sont respectés.

Article 12

Liberté de réunion et d'association

1. Toute personne a droit à la liberté de réunion pacifique et à la liberté d'association à tous les niveaux, notamment dans les domaines politique, syndical et civique, ce qui implique le droit de toute personne de fonder avec d'autres des syndicats et de s'y affilier pour la défense de ses intérêts.

2. Les partis politiques au niveau de l'Union contribuent à l'expression de la volonté politique des citoyens de l'Union.

Article 13

Liberté des arts et des sciences

Les arts et la recherche scientifique sont libres. La liberté académique est respectée.

Article 14

Droit à l'éducation

1. Toute personne a droit à l'éducation, ainsi qu'à l'accès à la formation professionnelle et continue.

2. Ce droit comporte la faculté de suivre gratuitement l'enseignement obligatoire.

3. La liberté de créer des établissements d'enseignement dans le respect des principes démocratiques, ainsi que le droit des parents d'assurer l'éducation et l'enseignement de leurs enfants conformément à leurs convictions religieuses, philosophiques et pédagogiques, sont respectés selon les lois nationales qui en régissent l'exercice.

Article 15

Liberté professionnelle et droit de travailler

1. Toute personne a le droit de travailler et d'exercer une profession librement choisie ou acceptée.

2. Tout citoyen ou toute citoyenne de l'Union a la liberté de chercher un emploi, de travailler, de s'établir ou de fournir des services dans tout État-membre.

3. Les ressortissants des pays tiers qui sont autorisés à travailler sur le territoire des États-membres ont droit à des conditions de travail

équivalentes à celles dont bénéficient les citoyens ou citoyennes de l'Union.

Article 16

Liberté d'entreprise

La liberté d'entreprise est reconnue conformément au droit communautaire et aux législations et pratiques nationales.

Article 17

Droit de propriété

1. Toute personne a le droit de jouir de la propriété des biens qu'elle a acquis légalement, de les utiliser, d'en disposer et de les léguer. Nul ne peut être privé de sa propriété, si ce n'est pour cause d'utilité publique, dans des cas et conditions prévus par une loi et moyennant en temps utile une juste indemnité pour sa perte. L'usage des biens peut être réglementé par la loi dans la mesure nécessaire à l'intérêt général.

2. La propriété intellectuelle est protégée.

Article 18

Droit d'asile

Le droit d'asile est garanti dans le respect des règles de la convention de Genève du 28 juillet 1951 et du protocole du 31 janvier 1967 relatifs au statut des réfugiés et conformément au traité instituant la Communauté européenne.

Article 19

Protection en cas d'éloignement, d'expulsion et d'extradition

1. Les expulsions collectives sont interdites.

2. Nul ne peut être éloigné, expulsé ou extradé vers un État où il existe un risque sérieux qu'il soit soumis à la peine de mort, à la torture ou à d'autres peines ou traitements inhumains ou dégradants.

CHAPITRE III
Égalité

Article 20

Égalité en droit

Toutes les personnes sont égales en droit.

Article 21

Non-discrimination

1. Est interdite, toute discrimination fondée notamment sur le sexe, la race, la couleur, les

origines ethniques ou sociales, les caractéristiques génétiques, la langue, la religion ou les convictions, les opinions politiques ou tout autre opinion, l'appartenance à une minorité nationale, la fortune, la naissance, un handicap, l'âge ou l'orientation sexuelle.

2. Dans le domaine d'application du traité instituant la Communauté européenne et du traité sur l'Union européenne, et sans préjudice des dispositions particulières desdits traités, toute discrimination fondée sur la nationalité est interdite.

Article 22

Diversité culturelle, religieuse et linguistique

L'Union respecte la diversité culturelle, religieuse et linguistique.

Article 23

Égalité entre hommes et femmes

L'égalité entre les hommes et les femmes doit être assurée dans tous les domaines, y compris en matière d'emploi, de travail et de rémunération.

Le principe de l'égalité n'empêche pas le maintien ou l'adoption de mesures prévoyant des avantages spécifiques en faveur du sexe sous-représenté.

Article 24

Droits de l'enfant

1. Les enfants ont droit à la protection et aux soins nécessaires à leur bien-être. Ils peuvent exprimer leur opinion librement. Celle-ci est prise en considération pour les sujets qui les concernent, en fonction de leur âge et de leur maturité.

2. Dans tous les actes relatifs aux enfants, qu'ils soient accomplis par des autorités publiques ou des institutions privées, l'intérêt supérieur de l'enfant doit être une considération primordiale.

3. Tout enfant a le droit d'entretenir régulièrement des relations personnelles et des contacts directs avec ses deux parents, sauf si cela est contraire à son intérêt.

Article 25

Droits des personnes âgées

L'Union reconnaît et respecte le droit des personnes âgées à mener une vie digne et indépendante et à participer à la vie sociale et culturelle.

Article 26

Intégration des personnes handicapées

L'Union reconnaît et respecte le droit des personnes handicapées à bénéficier de mesures visant à assurer leur autonomie, leur intégration sociale et professionnelle et leur participation à la vie de la communauté.

CHAPITRE IV
Solidarité

Article 27

Droit à l'information et à la consultation des travailleurs au sein de l'entreprise

Les travailleurs ou leurs représentants doivent se voir garantir, aux niveaux appropriés, une information et une consultation en temps utile, dans les cas et conditions prévus par le droit communautaire et les législations et pratiques nationales.

Article 28

Droit de négociation et d'actions collectives

Les travailleurs et les employeurs, ou leurs organisations respectives, ont, conformément au droit communautaire et aux législations et pratiques nationales, le droit de négocier et de conclure des conventions collectives aux niveaux appropriés et de recourir, en cas de conflits d'intérêts, à des actions collectives pour la défense de leurs intérêts, y compris la grève.

Article 29

Droit d'accès aux services de placement

Toute personne a le droit d'accéder à un service gratuit de placement.

Article 30

Protection en cas de licenciement injustifié

Tout travailleur a droit à une protection contre tout licenciement injustifié, conformément au droit communautaire et aux législations et pratiques nationales.

Article 31

Conditions de travail justes et équitables

1. Tout travailleur a droit à des conditions de travail qui respectent sa santé, sa sécurité et sa dignité.

2. Tout travailleur a droit à une limitation de la durée maximale du travail et à des périodes de repos journalier et hebdomadaire, ainsi qu'à une période annuelle de congés payés.

Article 32

**Interdiction du travail des enfants
et protection des jeunes au travail**

Le travail des enfants est interdit. L'âge minimal d'admission au travail ne peut être inférieur à l'âge auquel cesse la période de scolarité obligatoire, sans préjudice des règles plus favorables aux jeunes et sauf dérogations limitées.

Les jeunes admis au travail doivent bénéficier de conditions de travail adaptées à leur âge et être protégés contre l'exploitation économique ou contre tout travail susceptible de nuire à leur sécurité, à leur santé, à leur développement physique, mental, moral ou social ou de compromettre leur éducation.

Article 33

Vie familiale et vie professionnelle

1. La protection de la famille est assurée sur le plan juridique, économique et social.

2. Afin de pouvoir concilier vie familiale et vie professionnelle, toute personne a le droit d'être protégée contre tout licenciement pour un motif lié à la maternité, ainsi que le droit à un congé de maternité payé et à un congé parental à la suite de la naissance ou de l'adoption d'un enfant.

Article 34

Sécurité sociale et aide sociale

1. L'Union reconnaît et respecte le droit d'accès aux prestations de Sécurité sociale et aux services sociaux assurant une protection dans des cas tels que la maternité, la maladie, les accidents du travail, la dépendance ou la vieillesse, ainsi qu'en cas de perte d'emploi, selon les modalités établies par le droit communautaire et les législations et pratiques nationales.

2. Toute personne qui réside et se déplace légalement à l'intérieur de l'Union a droit aux prestations de Sécurité sociale et aux avantages sociaux, conformément au droit communautaire et aux législations et pratiques nationales.

3. Afin de lutter contre l'exclusion sociale et la pauvreté, l'Union reconnaît et respecte le droit à une aide sociale et à une aide au logement destinées à assurer une existence digne à tous ceux qui ne disposent pas de ressources suffisantes, selon les modalités établies par le droit communautaire et les législations et pratiques nationales.

Article 35

Protection de la santé

Toute personne a le droit d'accéder à la prévention en matière de santé et de bénéficier de soins médicaux dans les conditions établies par les législations et pratiques nationales. Un niveau élevé de protection de la santé humaine est assuré dans la définition et la mise en œuvre de toutes les politiques et actions de l'Union.

Article 36

Accès aux services d'intérêt économique général

L'Union reconnaît et respecte l'accès aux services d'intérêt économique général tel qu'il est prévu par les législations et pratiques nationales, conformément au traité instituant la Communauté européenne, afin de promouvoir la cohésion sociale et territoriale de l'Union.

Article 37

Protection de l'environnement

Un niveau élevé de protection de l'environnement et l'amélioration de sa qualité doivent être intégrés dans les politiques de l'Union et assurés conformément au principe du développement durable.

Article 38

Protection des consommateurs

Un niveau élevé de protection des consommateurs est assuré dans les politiques de l'Union.

CHAPITRE V

Citoyenneté

Article 39

Droit de vote et d'éligibilité aux élections au Parlement européen

1. Tout citoyen ou toute citoyenne de l'Union a le droit de vote et d'éligibilité aux élections au Parlement européen dans l'État-membre où il ou elle réside, dans les mêmes conditions que les ressortissants de cet État.

2. Les membres du Parlement européen sont élus au suffrage universel direct, libre et secret.

Article 40

Droit de vote et d'éligibilité aux élections municipales

Tout citoyen ou toute citoyenne de l'Union a le droit de vote et d'éligibilité aux élections municipales dans l'État-membre où il ou elle réside, dans les mêmes conditions que les ressortissants de cet État.

Article 41

Droit à une bonne administration

1. Toute personne a le droit de voir ses affaires traitées impartialement, équitablement et dans un

délai raisonnable par les institutions et organes de l'Union.

2. Ce droit comporte notamment :

– le droit de toute personne d'être entendue avant qu'une mesure individuelle qui l'affecterait défavorablement ne soit prise à son encontre ;

– le droit d'accès de toute personne au dossier qui la concerne, dans le respect des intérêts légitimes de la confidentialité et du secret professionnel et des affaires ;

– l'obligation pour l'administration de motiver ses décisions.

3. Toute personne a droit à la réparation par la Communauté des dommages causés par les institutions, ou par leurs agents dans l'exercice de leurs fonctions, conformément aux principes généraux communs aux droits des États-membres.

4. Toute personne peut s'adresser aux institutions de l'Union dans une des langues des traités et doit recevoir une réponse dans la même langue.

Article 42

Droit d'accès aux documents

Tout citoyen ou toute citoyenne de l'Union ou toute personne physique ou morale résidant ou ayant son siège statutaire dans un État-membre a un droit d'accès aux documents du Parlement européen, du Conseil et de la Commission.

Article 43

Médiateur

Tout citoyen ou toute citoyenne de l'Union ou toute personne physique ou morale résidant ou ayant son siège statutaire dans un État-membre a le droit de saisir le médiateur de l'Union en cas de mauvaise administration dans l'action des institutions ou organes communautaires, à l'exclusion de la Cour de justice et du Tribunal de première instance dans l'exercice de leurs fonctions juridictionnelles.

Article 44

Droit de pétition

Tout citoyen ou toute citoyenne de l'Union ou toute personne physique ou morale résidant ou ayant son siège statutaire dans un État-membre a le droit de pétition devant le Parlement européen.

Article 45

Liberté de circulation et de séjour

1. Tout citoyen ou toute citoyenne de l'Union a le droit de circuler et de séjourner librement sur le territoire des États-membres.

2. La liberté de circulation et de séjour peut être accordée, conformément au traité instituant la Communauté européenne, aux ressortissants de pays tiers résidant légalement sur le territoire d'un État-membre.

Article 46

Protection diplomatique et consulaire

Tout citoyen de l'Union bénéficie, sur le territoire d'un pays tiers où l'État-membre dont il est ressortissant n'est pas représenté, de la protection des autorités diplomatiques et consulaires de tout État-membre dans les mêmes conditions que les nationaux de cet État.

CHAPITRE VI

Justice

Article 47

**Droit à un recours effectif et à accéder
à un tribunal impartial**

Toute personne dont les droits et libertés garantis par le droit de l'Union ont été violés a droit à un recours effectif devant un tribunal dans le respect des conditions prévues au présent article.

Toute personne a droit à ce que sa cause soit entendue équitablement, publiquement et dans un délai raisonnable par un tribunal indépendant et impartial, établi préalablement par la loi. Toute personne a la possibilité de se faire conseiller, défendre et représenter.

Une aide juridictionnelle est accordée à ceux qui ne disposent pas de ressources suffisantes, dans la mesure où cette aide serait nécessaire pour assurer l'effectivité de l'accès à la justice.

Article 48

Présomption d'innocence et droits de la défense

1. Tout accusé est présumé innocent jusqu'à ce que sa culpabilité ait été légalement établie.

2. Le respect des droits de la défense est garanti à tout accusé.

Article 49

Principes de légalité et de proportionnalité des délits et des peines

1. Nul ne peut être condamné pour une action ou une omission qui, au moment où elle a été commise, ne constituait pas une infraction d'après le droit national ou le droit international. De

même, il n'est infligé aucune peine plus forte que celle qui était applicable au moment où l'infraction a été commise. Si, postérieurement à cette infraction, la loi prévoit une peine plus légère, celle-ci doit être appliquée.

2. Le présent article ne porte pas atteinte au jugement et à la punition d'une personne coupable d'une action ou d'une omission qui, au moment où elle a été commise, était criminelle d'après les principes généraux reconnus par l'ensemble des nations.

3. L'intensité des peines ne doit pas être disproportionnée par rapport à l'infraction.

Article 50

Droit à ne pas être jugé ou puni pénalement deux fois pour une même infraction

Nul ne peut être poursuivi ou puni pénalement en raison d'une infraction pour laquelle il a déjà été acquitté ou condamné dans l'Union par un jugement pénal définitif conformément à la loi.

CHAPITRE VII

Dispositions générales

Article 51

Champ d'application

Les dispositions de la présente Charte s'adressent aux institutions et organes de l'Union dans le respect du principe de subsidiarité, ainsi qu'aux États-membres uniquement lorsqu'ils mettent en œuvre le droit de l'Union. En conséquence, ils respectent les droits, observent les principes et en promeuvent l'application, conformément à leurs compétences respectives.

La présente Charte ne crée aucune compétence ni aucune tâche nouvelles pour la Communauté et pour l'Union et ne modifie pas les compétences et tâches définies par les traités.

Article 52

Portée des droits garantis

Toute limitation de l'exercice des droits et libertés reconnus par la présente Charte doit être prévue par la loi et respecter le contenu essentiel desdits droits et libertés. Dans le respect du principe de proportionnalité, des limitations ne peuvent être apportées que si elles sont nécessaires et répondent effectivement à des objectifs d'intérêt général reconnus par l'Union ou au besoin de protection des droits et libertés d'autrui.

Les droits reconnus par la présente Charte qui trouvent leur fondement dans les traités communautaires ou dans le traité sur l'Union européenne s'exercent dans les conditions et limites définies par ceux-ci.

Dans la mesure où la présente Charte contient des droits correspondant à des droits garantis par la Convention européenne de sauvegarde des droits de l'homme et des libertés fondamentales, leur sens et leur portée sont les mêmes que ceux que leur confère ladite convention. Cette disposition ne fait pas obstacle à ce que le droit de l'Union accorde une protection plus étendue.

Article 53

Niveau de protection

Aucune disposition de la présente Charte ne doit être interprétée comme limitant ou portant atteinte aux droits de l'homme et libertés fondamentales reconnus, dans leur champ d'application respectif, par le droit de l'Union, le droit international et les conventions internationales auxquelles sont parties l'Union, la Communauté ou tous les États-membres, et notamment la Convention européenne de sauvegarde des droits de l'homme et des libertés fondamentales, ainsi que par les constitutions des États-membres.

Article 54

Interdiction de l'abus de droit

Aucune des dispositions de la présente Charte ne doit être interprétée comme impliquant un droit quelconque de se livrer à une activité ou d'accomplir un acte visant à la destruction des droits ou libertés reconnus dans la présente Charte ou à des limitations plus amples des droits et libertés que celles qui sont prévues par la présente Charte.

Les compétences de l'Union européenne

A – Relèvent des compétences propres
     de l'Union :

• La politique monétaire de l'Union
• La politique douanière
• Les relations économiques extérieures
• La politique de la concurrence
• Les politiques structurelles et de cohésion
• Les principes juridiques du marché intérieur
• La politique monétaire afférente à l'euro
• Le régime européen du droit d'asile
• Le financement des budgets de l'Union par des ressources propres
• La politique étrangère et de sécurité commune dans la mesure requise par les intérêts propres de l'Union.

Dans ces domaines, les États-membres n'interviennent qu'à la demande de l'Union.

B – Relèvent des compétences partagées
entre l'Union et les États-membres :

1. Les politiques d'accompagnement ou de complément de l'espace unique :
• Agriculture, pêche
• Protection des consommateurs
• Transports et réseaux transeuropéens
• Réseaux de communication
• Environnement
• Recherche et développement technologique
• Energie
• Politique sociale
• Politique d'immigration et statut des immigrants
• Promotion de l'égalité entre femmes et hommes
• Association des pays et territoires d'outre-mer
• Coopération au développement durable dans le monde
• Fiscalité liée au marché unique

2. La mise en œuvre de la politique étrangère et de sécurité commune de l'Union dans sa dimension transnationale.

3. Les principes juridiques de l'espace de liberté, de sécurité et de justice.

4. La mise en œuvre de la coopération judiciaire et policière dans le domaine pénal.

Dans ces domaines, l'Union fixe les règles générales et les orientations, les États-membres étant chargés de leur transposition et de leur mise en œuvre dans leur ordre juridique interne.

Les établissements financiers de l'Union européenne

1. LE SYSTÈME EUROPÉEN DES BANQUES CENTRALES

Composition

Le système européen des banques centrales est composé de la Banque centrale européenne et des banques centrales nationales.

Le système européen des banques centrales est dirigé par les organes de décision de la Banque centrale européenne qui sont le Conseil des gouverneurs et le Directoire.

Les statuts du système européen des banques centrales sont définis dans une loi organique. Ils peuvent être modifiés par le Conseil des ministres statuant à la majorité qualifiée, sur recommandation de la Banque centrale européenne présentée avec l'accord de la Commission et après consultation du Parlement.

1. L'objectif principal du système européen des banques centrales est de maintenir la stabilité des

prix dans l'Union européenne. Le système européen des banques centrales contribue à la réalisation des objectifs de l'Union en apportant son soutien aux politiques économiques générales dans l'Union.

2. Les missions fondamentales relevant du système européen des banques centrales consistent à :

• définir et mettre en œuvre la politique monétaire de l'Union européenne ;

• conduire les opérations de change conformément aux dispositions arrêtées dans le protocole annexé à son statut ;

• détenir et gérer les réserves officielles de change des États-membres, sans préjudice de la détention et de la gestion, par les gouvernements des États-membres, de fonds de roulement en devises.

2. La Banque centrale européenne

La Banque centrale européenne est seule habilitée à autoriser l'émission de billets de banque dans l'Union européenne. La Banque centrale européenne et les banques centrales nationales peuvent émettre de tels billets. Les billets de banque émis par la Banque centrale européenne et les banques centrales nationales sont les seuls à avoir cours légal dans l'Union européenne. Les États-membres peuvent émettre des pièces sous réserve de l'approbation, par la Banque centrale européenne, du volume de l'émission.

Organisation

La Banque centrale européenne est dotée de la personnalité juridique.

Les statuts de la Banque centrale européenne sont définis dans une loi organique.

Les organes de décision de la Banque centrale européenne sont le Conseil des gouverneurs et le Directoire :

Le Conseil des gouverneurs de la Banque centrale européenne se compose des membres du Directoire de la Banque centrale européenne et des gouverneurs des banques centrales nationales.

Le Directoire se compose du président, du vice-président et de quatre autres membres.

Le président, le vice-président et les autres membres du Directoire sont nommés d'un commun accord par les gouvernements des États-membres au niveau des chefs d'État ou de gouvernement, sur recommandation du Conseil des ministres et après consultation du Parlement européen et du Conseil des gouverneurs de la Banque centrale européenne, parmi des personnes dont l'autorité et l'expérience professionnelle dans le domaine monétaire ou bancaire sont reconnues. Leur mandat a une durée de huit ans et n'est pas renouvelable. Seuls les ressortissants des États-membres peuvent être membres du Directoire.

Dans l'exercice des pouvoirs et dans l'accomplissement des missions et des devoirs qui leur sont conférés par le Traité instituant l'Union européenne et les statuts du système européen des banques centrales, ni la Banque centrale européenne, ni une banque centrale nationale, ni un membre quelconque de leurs organes de décision ne peuvent solliciter ni accepter des instructions des institutions ou organes de l'Union, des gouvernements des États-membres ou de tout autre organisme. Les institutions et organes de l'Union ainsi que les gouvernements des États-membres s'engagent à respecter ce principe et à ne pas chercher à influencer les membres des organes de décision de la Banque centrale européenne ou des banques centrales nationales dans l'accomplissement de leurs missions.

La Banque européenne d'investissement

La Banque européenne d'investissement est un établissement financier doté de la personnalité juridique. Les membres de la Banque européenne d'investissement sont les États-membres.

La Banque européenne d'investissement a pour mission de contribuer, en faisant appel aux marchés des capitaux et à ses ressources propres, au développement équilibré et sans heurt du Marché commun dans l'intérêt de l'Union. A cette fin, elle facilite, par l'octroi de garanties, sans poursuivre de but lucratif, le financement des projets visés dans une loi organique dans tous les secteurs de l'économie.

Dans l'accomplissement de sa mission, la Banque européenne d'investissement facilite le financement de programmes d'investissement en liaison avec les interventions des fonds structurels et des autres instruments financiers de l'Union.

Les statuts de la Banque européenne d'investissement font l'objet d'une loi organique.

REMERCIEMENTS

Ce projet de Constitution européenne n'aurait sans doute pas vu le jour sans le concours éclairé du président Guy Braibant et du professeur Jean-Louis Quermonne. Tous deux m'ont fait bénéficier, non seulement de leur profonde connaissance des institutions européennes, mais de la sagesse de leurs vues sur l'architecture constitutionnelle de l'Europe de demain. Ma reconnaissance leur est acquise pour leur précieuse contribution.

Ma gratitude s'adresse aussi à mes amis Jean-Pierre Camby, Bruno Genevois et Olivier Schrameck. Leur compétence et leur expérience ont grandement contribué à l'élaboration de cet ouvrage.

Ce projet de Constitution a bénéficié aussi d'entretiens nombreux, à Bruxelles, à Paris, avec des interlocuteurs hautement qualifiés sur les questions européennes. J'adresse en particulier mes remerciements à Jacques Delors auquel la construction européenne doit tant, ainsi qu'à Jean-Pierre Puissochet, juge à la Cour de justice des Communautés européennes, à Jean-Louis Bourlanges, député européen, à Jean-Guy Giraud, représentant à Paris du Parlement européen et à Jean Laporte, administrateur de la Délégation pour l'Union européenne du Sénat.

A Catherine Beauvois, Isabelle Fichet-Boyle et à Tiphaine Havel, qui ont participé avec enthousiasme à l'élaboration de cet ouvrage, j'exprime ma reconnaissance.

A Maryline Taverne qui m'a assuré les douceurs d'une retraite campagnarde propice à la réalisation de ce projet, j'adresse mes remerciements cordiaux.

Tillard, août 2002.

Table

Introduction 9

PRÉAMBULE 45

TITRE I
Fondements de l'Union européenne 47

TITRE II
Objectifs de l'Union européenne 53

TITRE III
Compétences de l'Union européenne 59

TITRE IV
Actes de l'Union européenne 65

TITRE V
Les institutions de l'Union européenne 71

TITRE VI
Les comités consultatifs 105

TITRE VII
Les coopérations renforcées........................... 111

TITRE VIII
Dispositions financières 117

TITRE IX
Modifications de la composition et
de la Constitution de l'Union européenne..... 123

TITRE X
Dispositions diverses 131

LA CHARTE DES DROITS FONDAMENTAUX

PRÉAMBULE 137

Annexe A
Les compétences de l'Union
européenne 163

Annexe B
Les établissements financiers
de l'Union européenne................................... 169

Cet ouvrage a été composé par
PARIS PHOTOCOMPOSITION
75017 Paris

www.ingramcontent.com/pod-product-compliance
Lightning Source LLC
LaVergne TN
LVHW051229060726
842526LV00013B/2896